너무 재밌어서
잠 못 드는
황제의 세계사

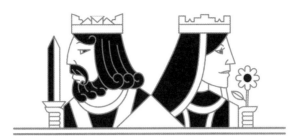

너무 재밌어서 잠 못 드는

황제의 세계사

모토무라 료지 감수
조지무쇼 편저
김정환 옮김

일러두기
본문 주석은 모두 옮긴이의 글이다.

머리말

헤겔은 단호한 어조로 말했다. "경험과 역사가 가르쳐 주는 사실은 민중이나 정부가 역사에서 무엇인가를 배웠던 적은 단 한 번도 없으며 또한 역사를 통해 얻은 교훈에 따라서 행동한 적도 전혀 없다는 것입니다."(『역사철학강의』) 가슴이 뜨끔해지는 말이다. 이 말은 요컨대 집단으로서의 인간은 역사에서 무엇인가를 배운 적이 없다는 의미일 것이다. 그렇다면 되묻고 싶어진다. 개인으로서의 인간이라면 역사에서 교훈을 이끌어 낼 수 있을까? 특히 그 개인이 역사에 관심이 없는 젊은이라면 과연 그 교훈을 통해 역사에 관심을 갖게 될까? 이 또한 흥미 깊은 의문이다.

흔히 '역사에 만약은 없다'고 말하지만, 무조건 그렇기만 한 것도 아니다. 예를 들어 이런 의문이라면 그저 우문으로만 치부할 수도 없다. 만약 알렉산드로스 대왕이 없었다면 헬레니즘 세계가 성립할 수 있었을까? 만약 콘스탄티누스 대제가 없었다면 크리스트교를 기반으로 한 일신교 세계가 확대되고 정착할 수 있었을까? 만약 강희제가 없었다면 만주족과 한족을 융합하는 문화적 토양이 만들어질 수 있었을까? 만약 표트르 대제가 없었다면 러시아의 근대화가 본격적으로 진행될 수 있었을까?

…… 등의 의문은 결코 우문(愚問)이 아니다.

다만 19세기 후반으로 넘어가면 양상이 조금 달라진다. 만약 빅토리아 여왕이 없었다면 영국은 대영 제국으로 불릴 정도의 대국이 될 수 있었을까? 만약 선량한 니콜라이 2세가 없었다면 민중들이 참여할 정도의 러시아 혁명이 일어날 수 있었을까?

…… 같은 의문은 어리석은 의문이 아닐까 싶다.

그렇다면 이러한 차이는 왜 생긴 것일까? 이것은 대국적으로 보면 전제 군주제와 입헌 군주제의 차이에서 기인한다. 전자의 경우 군주의 권력 행사를 구속하는 법이 전혀 없으며, 군주 개인의 뜻이 국가의 뜻으로 그대로 통용된다. "짐이 곧 국가이니라"라는 루이 14세의 말은 이를 단적으로 나타내는 전형적인 예라고 할 수 있다. 한편 후자의 경우는 군주의 권력 행사가 어느 정도 법의 제약을 받기 때문에 군주라고 해도 개인의 생각을 그대로 밀어붙일 수 없다. 빅토리아 여왕 시대의 대영 제국은 그야말로 '군림하되 통치하지 않는다'의 전형이었다고 할 수 있다.

물론 현실의 세계를 전자 아니면 후자라는 이분법적 발상으로 단순하게 바라볼 수는 없으며, 구체적인 역사 속에서는 수많은 실력자와 세력이 각축을 벌였을 것이다. 국왕도 인간이기에 성격상의 약점도 있다. 그 약점을 파고들 여지도 있으며, 반대로 그 약점을 드러내지 않으려 하는 국왕도 있었다.

헤겔은 '민중이나 정부'는 역사에서 무엇 하나 배운 적이 없다고 단언했다. 분명히 집단으로서의 인간은 상상력을 발휘할 여지가 없다. 그러나 개인으로서의 인간이라면 이것저것 상상해 볼 수가 있다. 어쩌면 이 상상력이라는 마음의 유희야말로 인간의 학습 능력을 북돋는 것인지도 모른다.

그런 고로 개인으로서의 우리는 역사에서 어떤 교훈을 배울 수 있지 않을까? 특히 최고 권력자라는 위치에 있었던 군주의 전기라면 무엇인가 교훈을 찾아낼 수 있을 것이다. 다만 굳이 이런 대의명분을 늘어놓지 않더라도 세계사에 등장하는 군주 30인의 소전(小傳)을 읽는 것은 교양을 위한 독서라는 측면에서도 즐거운 일이다. 그리고 이 책을 읽고 흥미를 느낀 군주에 대해 더욱 깊게 알아본다면 그것은 진짜 교양이 될 것이다.

모토무라 료지

•차례•

01. 함무라비 왕

생몰년: 미상
재위: 기원전 1792년~기원전 1750년
국가: 고대 바빌로니아 왕국

눈에는 눈, 이에는 이의
진짜 의미

'눈에는 눈, 이에는 이'로 유명한 함무라비 법전. 이 법전을 편찬한 사람은 고대 메소포타미아에 세워진 고대 바빌로니아 왕국(바빌론 제1왕조)의 왕인 함무라비다.

강대한 도시 국가들에 둘러싸여 있었던 고대 바빌로니아 왕국을 부흥시켜 메소포타미아 통일을 이룩한 함무라비. 훗날 법전을 편찬하기까지 그가 실시했던 사업의 배경에는 어떤 생각이 숨어 있었을까? 함무라비 법전은 왜 만들어졌을까? 법전을 편찬하기까지의 생각을 풀어 나가면 교과서에서는 드러나지 않던 왕의 모습이 나타나게 된다.

강 사이 지역의 흥망

학교에서 받았던 세계사 수업을 떠올려 보기 바란다. 현재의 이라크 등에 해당하는 서남아시아의 고대사로 시작된다. 그리고 교과서에서 어떤 인물 2명과 문자가 새겨진 길쭉한 석판 사진을 본 적이 있을 것이다. 고대에 이 지역을 정복했던 함무라비 왕이 편찬한 '함무라비 법전'이다. 1901년에 프랑스의 고고학자가 발견한 이 석판은 현재 파리의 루브르 미술관이 소장하고 있다.

함무라비 왕이 군림했던 지역은 티그리스강과 유프라테스강이라는 2개의 큰 강이 흐르고 있어서 '강 사이 지역'을 의미하는 '메소포타미아'로 불린다. 연간 강수량이 극도로 적은 이 지역에서는 빗물에 의지하는 농경이 불가능한 까닭에 강에서 물을 끌어오는 관개 시설이 필요했다. 이에 따라 관개를 주도하는 강력한 지도자가 나타났고, 각지에 중앙 집권적인 도시 국가가 건설되었다.

먼저 수메르인이 기원전 3000년경에 도시 국가를 건설했는데, 기원전 2000년경 우르 제3왕조에 아모리인이 침입해 수메르인의 국가를 멸망시켰다. 그 뒤에는 이신과 라르사 등 아모리인의 국가가 대두한다. 기원전 1890년경에는 메소포타미아 남부의 바빌론을 수도로 삼은 고대 바빌로니아 왕국이 건국되었는데, 주변 국가에 비해서는 약소국이었다.

참고로, 이름이 비슷해 혼동을 일으키기 쉬운 신바빌로니아 왕국은 고대 바빌로니아 왕국이 멸망한 지 약 1000년 뒤에 역시 바빌론을 수도로 삼아서 건국된 다른 왕국이다. 유대인이 바빌론으로 강제 이주한 바빌론 유수(幽囚)는 신바빌로니아 왕국 시절에 일어났던 사건이다.

백성의 생활을 책임진 여러 가지 공공사업

함무라비 왕이 즉위했을 무렵의 고대 바빌로니아 왕국은 라르사나 에슈눈나, 마리 등의 도시 국가에 둘러싸여 있었으며, 메소포타미아 북부를 지배하고 있었던 아시리아의 종주권 아래 있었다. 그런데 함무라비 왕의 치세 18년경에 아시리아 왕이 사망한다. 그 정치적 영향에서 해방된 함무라비 왕은 약 10년에 걸쳐 신전과 주벽(周壁)을 건설하고 복구하며 관개 시설과 운하를 정비하는 등 내정에 전념한다. 특히 농업 생산력이나 운송 능력의 향상으로 이어지는 운하와 관개 시설의 유지 관리는 백성의 생활을 책임지는 왕의 책무라고 생각해, 페르시아만에 이르는 대운하 망을 정비한다.

이렇게 내정에 힘을 쏟을 수 있었던 이유는 주변 국가들과 우호적인 관계를 구축한 덕분이었다. 그러나 치세 29년경, 주변 국가인 엘람이 에슈눈나를 공격한 데 이어 고대 바빌로니아 왕국을 표적으로 삼은 것을 계기로 함무라비 왕은 외정(外征)을 떠난다. 국내에

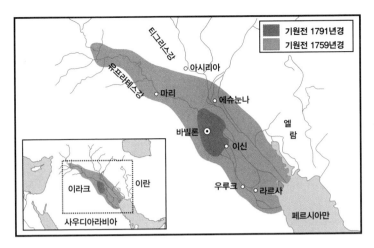

고대 바빌로니아 왕국의 영토   소국이었던 고대 바빌로니아 왕국의 함무라비 왕은 외 정을 통해 주변 각국을 병합, 메소포타미아 지역 대부분에 영향력을 끼쳤다.

총동원령을 발령해 평소에는 징병하지 않는 상인까지 군대에 편입시킨 함무라비 왕은 엘람과 에슈눈나, 라르사 등을 차례차례 정복했고, 치세 말기에는 거의 메소포타미아 전역을 다스리기에 이른다.

'눈에는 눈, 이에는 이'에 담긴 진짜 의미

함무라비 법전은 메소포타미아 통일 이후에 편찬되었다. 현재 전해지는 법전비에는 결혼부터 농업, 유산 상속, 형벌에 이르기까지 백성의 생활에 관한 282조의 조문이 새겨져 있다. 이것은 법적 구속력이 있는 법규가 아니라 판례를 모은 안내서 같은 것이었다.

과거에 함무라비 법전은 세계에서 가장 오래된 법전으로 불렸다. 그러나 우르 제3왕조의 초대 왕이 만든 '우르남무 법전', 이신의 제5대 왕이 만든 '리피트 이슈타르 법전', 에슈눈나 왕이 만든 '에슈눈나 법전'이라는 더 오래된 법전이 발견되면서, 현재는 네 번째로 오래된 법전이 되었다. 함무라비 법전은 세계에서 제일 오래된 법전의 자리에서 내려오기는 했지만, 함무라비 왕이 세 법전을 계승해 집대성했다는 점에서 여전히 역사적인 가치가 있다.

'눈에는 눈, 이에는 이'라는 문구는 함무라비 법전의 특징인 동해보복법(同害報復法)의 원칙을 나타낸 것으로, '다른 사람의 눈을 멀게 했으면 그자의 눈도 멀게 한다'와 같이 가해자에게 피해자가 입은 위해와 같은 수준의 벌을 내림을 의미한다. 당시에는 누군가가 위해를 입었을 경우 그 보복이 당사자를 넘어서 가족·부족 간의 문제로까지 번지고는 했다. 함무라비 왕의 목적은 당사자들 사이에서 분쟁이 마무리되도록 함으로써 그러한 보복 싸움이 일어나지 않게 하는 것이었다.

다만 동해(同害)라고는 해도 당사자의 신분에 따라 처벌에 차이가 있었다. 함무라비 왕이 통치하던 시대의 사회는 자유인과 노예로 구분되어 있었으며, 자유인은 상층 자유인과 하층(일반) 자유인으로 나뉘어 있었다. '하층 자유인의 이를 부러뜨렸을 경우에는 은 1미나를 물어 줘야 한다', '만약 다른 사람 소유 노예의 눈을 멀게 하거나 뼈를 부러뜨렸다면 은 2분의 1미나를 물어 줘야 한다' 등 피해자의 신분이 낮을수록 죄가 가볍게 취급되었다.

정의로 약자를 보호한다

함무라비 왕은 왜 법전을 편찬했을까? 법전의 전문(前文)을 보면 '국토에 정의를 알리기 위해'라는 의도가 기재되어 있다. '정의'란 사회적으로 강한 위치에 있는 자가 과부나 여자아이 등 사회적 약자를 괴롭히지 못하도록 보호하는 것이다. 약자를 보호하기 위해, 사람들의 행복을 위해 국민들에게 규율과 분별 있는 행동을 의무화한 것이다.

메소포타미아에서는 우르 제3왕조 이전부터 정의라는 말이 문헌에 등장하며, 우르 제3왕조 시대에는 사회 정의의 유지를 왕의 책무로 여겼다. 이와 같은 정의에 대한 의식은 현존하는 가장 오래된 법전인 우르남무 법전에도 담겨 있으며, 이것이 함무라비 법전까지 계승되었다. 함무라비 왕은 전례를 통해 배우면서 자신도 왕의 책무를 다하기 위해 법전을 만들었다고 할 수 있겠다.

함무라비 왕은 국민에게 규율과 분별을 일방적으로 요구한 것이 아니라 자신도 정의를 실천했다. 특히 농민과 목민, 바구니 제작자 등 비교적 약자의 처지에 있는 사람들의 목소리에 귀를 기울이고 문제 해결을 위해 부하에게 명령을 내렸다.

또한 법전에는 신들에게 정의의 구현을 위임받았다는 기술도 보인다. 법전비에 새겨진 그림은 함무라비 왕이 메소포타미아의 태양신 샤마쉬에게 왕권의 상징인 막대와 밧줄을 받는 모습이다. 막대와 밧줄은 신전이나 경작지 등의 측량에 사용되었던 도구를 의미하며, 건설자인 왕의 상징이었다.

메소포타미아에서는 왕권을 사람들의 이익을 위해 신에게 부여받은 권한이라고 생각했다. 그래서 법전비에서는 신들에게 부여받은 사명을 다하려 하는 왕의 모습 또한 볼 수 있다.

국가와 시대를 뛰어넘은 왕의 정신

법전비를 보면 국가의 방위와 수확한 작물의 확보도 왕의 책무였는데, 이 또한 우르남무 법전 이후 계승되어 온 사고방식이다. 나라를 지키기 위한 전쟁이나 대규모 관개 공사, 신전의 정비 등도 왕의 책무로서 수행되었다.

함무라비 왕이 세상을 떠난 뒤, 고대 바빌로니아 왕국은 내전과 외적의 침입 등으로 쇠퇴해 갔다. 그리고 제11대 왕의 치세에 현재의 터키 지역에서 건국된 히타이트 왕국의 공격을 받아서 멸망했다. 그러나 왕국은 멸망했어도 함무라비 법전은 오랫동안 살아남았다. 1000년 이상에 걸쳐 필사되어 수많은 사본이 남아 있는 것을 보면 각 시대에서 권위 있는 법전으로 받아들여졌던 듯하다. 법학자의 연구서로도 활용되었으며, 후대에 법전을 편찬하는 데도 영향을 끼쳤다.

왕의 책무를 다하려 했던 함무라비 왕의 마음은 국가의 영토를 넓히고 사람들의 생활을 풍요롭게 했으며 사회에 공정함을 되찾게 했다. 왕국은 멸망하고 시대는 변했지만, 함무라비 왕의 정신은 국가와 시대를 초월해 계승되어 온 것이다.

생몰년: 미상~기원전 1212년
재위: 기원전 1279년~기원전 1212년
국가: 이집트 신왕국(제19왕조)

여권을 갖고 파리행 비행기를
탄 파라오

여권을 갖고 비행기를 탄 고대 이집트의 파라오가 있다고 한다면, 여러분은 믿겠는가? 기원전 13세기를 살았던 람세스 2세는 20세기에 비행기를 타고 이집트에서 프랑스의 파리로 여행을 떠났다.

람세스 2세는 세계 최초의 강화 조약을 맺어 나라에 평화를 가져왔다. 또한 그가 이집트 각지에 건설한 거대 건축물은 구약 성서부터 현대의 세계 유산에까지 영향을 끼쳤다. 고대는 물론 현대에도 압도적인 존재감을 자랑하는 위대한 파라오의 발자취를 따라가 보자.

최초로 여권을 발급받은 파라오

고대 이집트의 파라오(왕)라고 하면 투탕카멘을 떠올리는 사람이 많을 것이다. 이 소년 왕은 별다른 공적도 세우지 못한 채 젊은 나이에 세상을 떠났던 까닭에 묘가 도굴당하는 것을 피할 수 있었으며, 현재 수많은 부장품은 이집트 고고학 박물관이 소장하고 있다. 그런데 거의 같은 시대에 투탕카멘을 훨씬 능가하는 공적과 명성을 남겼던 파라오가 있다. 67년 동안 왕위에 군림하며 이집트 역사상 최고의 파라오로 평가받는 람세스 2세다.

이 위대한 파라오의 묘에는 엄청난 양의 보물이 함께 묻혔지만, 사후 얼마 되지 않아 도굴꾼들의 표적이 되었다. 그래서 람세스 2세를 모셨던 사람들은 다른 파라오의 무덤을 전전하며 그의 미라를 숨겼다고 한다.

람세스 2세가 얼마나 존경받았는지 알 수 있는 일화가 있다. 1881년에 발견된 미라가 배로 나일강을 이동할 때, 양쪽 연안에서 여성들이 울음을 터트리면서 배를 쫓아갔으며 남성들은 총을 쏴서 조의를 나타냈다고 한다. 또한 1976년에 미라가 수복 작업을 위해 파리로 공중 운송될 때는 화물이 아닌 여객으로 대우받도록 이집트 정부가 직업 칸에 '파라오'라고 기재된 여권을 발행했다. 그리고 도착한 파리의 공항에서는 프랑스 대통령의 의장대가 람세스 2세의 미라를 영접했다.

람세스 2세

현재 카이로 시내에는 람세스 2세의 이름을 딴 터미널인 람세스 역을 비롯해 람세스 광장과 람세스 거리가 있다. 시중에서 사용되는 이집트 파운드 지폐에도 람세스 2세의 상이 그려져 있다. 또한 카이로를 떠나서 이집트 각지의 유적을 찾아가도 높은 확률로 람세스 2세의 발자취를 만나게 될 것이다.

나일강의 정기적인 증수와 범람으로 농업에 적합한 비옥한 토지를 가진 이집트에서는 기원전 3000년경부터 '살아 있는 신'인 파라오의 통치가 시작되었다. 이것은 메소포타미아보다 빠른 통일 국가의 출현이다. 이후 기원전 30년에 공화정 로마의 지배권에 편입되

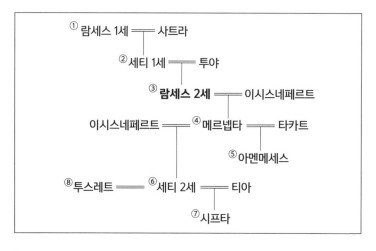

제19왕조의 계보

너무 재밌어서 잠 못 드는
황제의 세계사

기까지 약 3000년은 고왕국(제3~6왕조), 중왕국(제11~12왕조), 신왕국(제 18~20왕조) 3기로 구분된다. 고왕국 시대에는 수도가 멤피스였으며 피라미드가 왕성하게 건설되었다. 중왕국 시대에는 수도 테베를 중심으로 한 집권화가 진행되었지만 아시아에서 침입한 유목민 힉소스에게 왕권을 빼앗긴다.

역사상 가장 오래된 강화 조약을 체결하다

힉소스에게 굴욕적인 지배를 당한 뒤 신왕국 시대의 파라오는 영토 확대에 나섰고, 영토는 투트모세 3세 시대에 이르러 최대 규모가 된다. 그런데 아멘호테프 4세 시대가 되자 기존의 다신교에서 태양신인 아톤만을 믿는 움직임이 나타난다. 요컨대 일신교로 변혁한 것이다. 이것을 '아마르나 개혁'이라고 부른다. 이에 따라 전국의 신전은 황폐해졌으며, 선대 파라오들이 정복했던 시리아의 영토도 이 무렵에 잃는다.

아멘호테프 4세가 죽은 뒤, 요절한 투탕카멘과 람세스 2세의 할아버지인 람세스 1세의 시대를 거쳐 아버지인 세티 1세가 즉위한다. 세티 1세는 잃어버린 영토를 수복하고 황폐해진 신전을 복구·부활시켜 아마르나 개혁 시대의 손실을 회복했다. 그리고 때때로 어린 아들을 안고 민중 앞에 나타나서는 "이 아이를 파라오로 섬겨

람세스 2세

라"라고 말했다고 한다.

할아버지의 이름을 이어받은 람세스 2세는 할아버지를 떠올리게 하는 무인 기질의 왕자였다. 형이 일찍 세상을 떠난 까닭에 유년기부터 왕위 계승자로서 아버지에게 파라오의 직무와 국가 통치술을 배웠다. 10세에 군사령관이 되어 10대에 아버지의 시리아 원정에 동행했고, 아버지의 건설 사업을 보조하기 위해 채석장을 감독하기도 했다. 이와 같이 어렸을 때부터 많은 것을 배운 그는 25세에 파라오로 즉위한다.

치세 초기, 시리아의 정세에 변화가 나타났다. 투트모세 3세 시대에 이집트의 영토였던 시리아는 아멘호테프 4세와 투탕카멘 시대에 히타이트 왕국이 아나톨리아반도에서 세력을 키움에 따라 히타이트와 이집트 사이의 완충 지대로서 어떤 때는 히타이트의 편에, 또 어떤 때는 이집트의 편에 서는 불안정한 처지였다. 그런데 람세스 2세가 치세 4년에 원정을 단행했을 때, 당시 히타이트의 속국이었던 아무루(현재의 시리아 서부)가 이집트 쪽으로 돌아섰다. 그 결과 이집트는 아무루의 지배권을 획득했지만, 이 일을 계기로 무와탈리 2세가 이끄는 히타이트군과의 전쟁이 시작되었다.

이 두 나라의 전쟁에서 주목해야 할 사건은 카데시 전투다. 치세 5년의 여름, 히타이트군과 교전하기 위해 현재의 시리아와 터키 등을 흐르는 오론테스강을 건너 강변 도시인 카데시 부근에서 야영하고 있던 이집트군은 히타이트군의 첩자에게 속아 급습을 당한다.

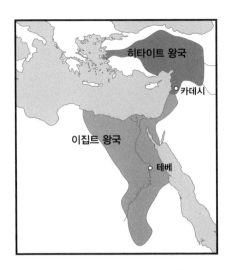

람세스 2세 시대의 이집트　시리아 지배를 둘러
싸고 히타이트와 세력 다툼이 일어났다.

그러나 람세스 2세는 얼마 안 되는 병력으로 반격해 히타이트군을
혼란에 빠뜨린다. 람세스 2세가 혈혈단신이나 다름없는 상황에서
적군을 향해 돌격해 위기를 타개했다는 이 일화는 영광의 증거로
서 각지의 신전에 조각되었다.

　양국의 대립은 15년 정도 계속되었다. 그러나 각자 다른 외적의
위협을 받고 있었던 까닭에 무와탈리 2세의 뒤를 이은 하투실리 3
세가 화평을 제안했고, 이에 따라 역사상 가장 오래된 것으로 알려
진 강화 조약이 체결된다. 조약에는 상호 불가침, 상호 원조 등이

람세스 2세

규정되어 있었다.

이집트 고고학자인 요시무라 사쿠지는 "카데시 전투에서 주목해야 할 것은 승패가 아니라 양국이 강화 조약을 맺어 화평을 꾀했다는 점이다"라고 말했다.

사랑하는 아내와 100명의 자녀

조약 체결 후, 이집트와 히타이트 사이에는 약 50년 동안 평화로운 시간이 흘렀다. 그사이 두 왕가는 편지와 선물 등을 주고받았는데, 유대를 더욱 강화하고자 히타이트의 하투실리 3세는 장녀를 람세스 2세에게 시집보냈다.

람세스 2세는 히타이트 왕녀가 가져온 짐을 보고 "짐은 가난하니 더 많이 가져오시오"라고 요구해 어이가 없어진 히타이트 측과 마찰을 빚기도 했지만, 결국 왕녀는 람세스 2세의 아내가 되어 양국을 연결하는 가교가 된다. 훗날 히타이트에서는 하투실리 3세의 딸이 1명 더 이집트로 출가한다.

람세스 2세에게는 히타이트 왕녀 이외에도 본처가 있으며, 아내의 수는 모두 8명 정도였다. 또한 사춘기 시절부터 후궁을 두기 시작해 측실이 수십 명 있었다고 알려진다. 노년기에는 히타이트와 시리아, 바빌로니아 등의 왕가의 여성도 맞이했다. 그리고 정실과 측실 사이에서 100명이 넘는 자녀를 얻었는데, 전통을 무시하고 신전의 부조에 신분의 구별 없이 아내와 자녀들의 모습을 새기게 했다.

람세스 2세가 수많은 아내 중에서도 가장 총애한 이는 제1왕비인 네페르타리였다. 네페르타리의 초상은 람세스 2세가 세운 건축물 곳곳에서 발견되며, 세계 유산인 아부심벨 신전에는 람세스 2세의 상과 같은 크기로 나란히 서 있는 네페르타리의 상도 있다. 왕비가 기원전 1255년경에 세상을 떠나자 람세스 2세는 파라오의 아내들이 매장되는 '왕비의 계곡'에 묘를 만들었고 현재도 아름다운 색채의 벽화가 남아 있다.

람세스 2세는 수많은 자녀를 남겼을 뿐만 아니라 당시로써는 장수했다. 그래서 후계자로 지명했던 자식 10명가량의 죽음을 지켜봐야 했다.

수많은 신전을 남긴 건축왕

람세스 2세의 치세는 크게 두 시기로 나눌 수 있다. 히타이트와 강화 조약을 체결하기까지의 전쟁기와 이후 사망하기까지의 건축기다. 수많은 건축물을 만들었기 때문에 '건축왕'으로도 불린다.

그가 지은 건축물 중에서 특히 이름 높은 것은 수단과의 국경 근처에 있는 세계 유산 아부심벨 신전이다. 누비아라고 불리는 이 지역은 금과 상아 등이 많이 산출되어서 중요시되었던 곳이다. 람세스 2세는 이 지역에 신전 7개를 지었는데, 그중에서 특히 유명해진 것이 아부심벨 신전이다.

신전의 정면에는 높이가 약 20미터나 되는 람세스 2세의 좌상 4개가 있다. 안으로 들어가면 람세스 2세의 상이 좌우로 나열된 대열주실(大列柱室)이 펼쳐지며, 벽면에는 카데시 전투 등의 장면을 그린 부조가 있다. 가장 안쪽 방인 지성소(至聖所)에는 람세스 2세 이외에 신상 3개가 있는데, 매년 춘분과 추분에 아침 해가 비치도록 설계되어 있다. 이 장소에는 파라오의 업적을 칭송하고 이집트의 수호신을 모시는 동시에 나일강의 증수를 기원하는 목적도 있었다.

아부심벨 신전은 오랜 세월 모래에 파묻혀 있다가 19세기에 발견되었는데, 20세기 중반에 아스완 하이 댐의 건설로 수몰 위기에 처하자 유네스코가 구제 활동을 펼쳤다. 신전을 해체해 더 높은 토지로 옮겨 세웠고, 현재는 세계적인 관광지가 되었다. 이 활동은 역사적인 건축물 등을 후세에 남기려는 목적의 '세계 유산'이 창설되는 계기가 되었다.

람세스 2세의 이름에서 유래한 라메세움의 건설도 주목할 만한 사업이다. 중왕국 시대부터 번성한 도시 테베의 서쪽 연안에 위치한 이곳은 파라오의 공적 등을 기념하는 장제전(장례 사원)의 역할도 했다. 오늘날의 대학에 해당하는 시설도 갖춰져 있어서 신학생은

너무 재밌어서 잠 못 드는
황제의 세계사

| **아부심벨 신전**

연구에 힘쓰고, 의사와 서기 등은 취업 훈련을 받았으며, 백과사전을 편찬하는 자도 있는 등 지적 활동의 중심지였다. 또한 농지나 와인 산지의 중앙 관리국이라는 일면도 있어서, 영지의 장부를 보관하며 포도원도 소유하고 있었다.

　그 밖에도 람세스 2세는 신왕국 시대의 파라오가 증축을 거듭해 온 카르나크 신전, 룩소르 신전에도 손을 대서 아버지 세티 1세가 착공했던 장제전을 완성하고 그 부근에 자신의 신전도 지었다. 람세스 2세는 자신이 지은 건축물에 서명을 했음은 물론이고 다른 파라오가 지은 건축물에도 자신의 이름을 대신 새겨 넣었다.

대규모 건축에 담긴 의미

장대하고 위엄이 가득한 거대 건조물은 이후 이집트 신전 양식의 규범이 될 정도로 지대한 영향을 끼쳤다. 그런데 이 대사업의 이면에는 당시 이집트로 이주했던 유대인의 중노동이 있었다. 구약성서의 「출애굽기」에는 고통받던 유대인들이 예언자 모세의 인도로 이집트를 탈출한 사건이 묘사되어 있는데, 여기에 등장하는 파라오가 람세스 2세라는 설도 있다.

그렇다면 파라오가 대규모 건축에 힘을 쏟은 이유는 무엇일까? 건축물의 압도적인 존재감을 보면 인간을 초월한 살아 있는 신으로서의 파라오를 찬양하기 위해서라는 목적을 쉽게 상상할 수 있다. '왕은 신이다'라는 사상은 람세스 2세 시대에 강화되어서, 파라오 자신과 그의 상은 생전부터 예배의 대상이 되었다. 그런데 신전의 건설 등을 중시한 배경에는 백성의 생활을 위해서라는 생각도 있는 듯하다. 원래 이집트의 제사에는 파라오가 봉납 의식 등을 통해 신들과 교류하고 그 행위의 보답으로 신들이 국가에 승리와 영광을 가져다준다는 의미가 있었다. 람세스 2세는 매일의 제사 의식에서 신상 청소와 공물 준비 등을 철저히 해 신들을 만족시킴으로

너무 재밌어서 잠 못 드는
황제의 세계사

써 백성들이 평안하게 생활할 수 있도록 노력했다.

기원전 1212년경, 람세스 2세가 세상을 떠난다. 그의 육체는 70일에 걸쳐 미라가 되었다. 매부리코가 특징인 그의 미라는 현재 이집트 고고학 박물관에서 볼 수 있다. 붕대가 감긴 미라의 코는 보통 세월이 지나면 평평해지는 경향이 있는데, 람세스 2세의 경우는 미라 장인이 말린 후추 씨를 코에 잔뜩 집어넣은 덕분에 지금까지 형태를 유지하고 있다.

람세스 2세의 사후에는 열세 번째 왕자가 왕위를 계승했다. 그 후에도 람세스 11세까지 '람세스'의 이름을 계승한 파라오가 즉위했다. 다만 모두 재위 기간은 짧았으며 국내에는 기아와 외적의 위협, 관료의 부정 등의 문제가 가득했다. 쇠퇴를 계속한 이집트는 기원전 7세기에는 세력을 되찾은 아시리아에, 기원전 6세기 중반에는 동방에서 침입한 아케메네스 왕조 페르시아에 지배당했다.

후세의 이집트 왕조는 영토의 넓이를 비롯해 건축물의 규모, 치세 중의 번영 등 모든 측면에서 람세스 2세의 시대에 미치지 못했다. 람세스 2세는 고대 이집트 최후의 전성기를 화려하게 만들어 낸 파라오이기에 오늘날에도 존경받고 있는 것이다.

생몰년: 기원전 550년~기원전 486년
재위: 기원전 522년~기원전 486년
국가: 아케메네스 왕조 페르시아

절벽에 새겨진
후계자 싸움의 의혹

람세스 2세가 세상을 떠난 뒤 이집트를 지배한 세력은 함무라비 왕 시대부터 메소포타미아에서 국가를 존속시켜 왔던 아시리아였는데, 아시리아는 기원전 7세기 전반에 오리엔트를 통일한 뒤 순식간에 붕괴하고 만다.

아케메네스 왕조 페르시아의 다리우스 1세는 아시리아를 모범으로 삼아 중앙 집권제를 정비하고 대제국을 질서정연하게 통치했다. 다리우스 1세는 단명한 아시리아로부터 어떤 교훈을 얻었을까? 그리고 그가 정비한 제도는 훗날의 대제국에 어떤 영향을 끼쳤을까?

건국의 아버지가 쌓은 제국의 초석

기원전 6세기, 현재의 이란에 해당하는 지역에 건국된 아케메네스 왕조 페르시아는 현대의 이란인들에게 '건국의 아버지'로 존경받는 대왕 키루스 2세로부터 시작한다. 페르시아는 오래전에 그리스인들이 페르시스°라고 불렀던 데서 유래한 지역으로, 기원전 6세기 중반까지 메디아 왕국의 지배를 받고 있었다.

참고로, 페르시아는 현재의 이란에 해당하는 지역을 서양의 시점에서 불렀던 명칭이며, 현재의 국명인 이란은 이란인 자신들이 불렀던 명칭이다. 이란인들이 현재의 우즈베키스탄과 아프가니스탄 등을 흐르는 아무다리야강 서쪽을 문명 세계라는 의미의 '이란'이라고 지칭했던 것이 유래로, 20세기에 고조되었던 내셔널리즘의 영향을 받아 1935년에 페르시아에서 이란이 되었다.

메디아 왕의 손자인 페르시아 영주의 아들로 태어난 키루스 2세는 아버지의 뒤를 이어 페르시아의 왕이 되자 메디아에 반기를 들고 군대를 일으켰다. 그리고 기원전 550년에는 메디아를 멸망시켰으며, 현재의 터키 서부에 존재했던 메디아의 동맹국 리디아와 신

° 원서에는 파르사로 나와 있으나 그리스인들은 파르사를 페르시스라고 불렀으며, 이것이 페르시아의 유래가 되었다는 내용이 일반적이기에 임의로 수정했다.

다리우스 1세

바빌로니아 등을 차례차례 공략했다.

제국의 초석을 쌓은 키루스 2세의 활약은 군사적인 측면에만 그치지 않았다. 신바빌로니아를 멸망시키고 바빌론 유수로 고통 받던 유대인을 해방시켰으며, 이 때문에 구약 성서에서는 그를 '메시아'라고 칭송했다. 또한 16세기에는 정치 사상가 마키아벨리의 저서 『군주론』에 훌륭한 군주로 묘사되는 등, 시대를 초월해서 높게 평가받을 정도의 명군이었다.

이후 키루스 2세의 아들인 캄비세스 2세가 이집트도 영토로 편입하면서 아케메네스 왕조 페르시아는 마침내 오리엔트를 통일한다.

마침내 정당한 계승권을 얻다

다리우스는 고관의 아들로 태어나 키루스 2세의 측근이 되었다. 캄비세스 2세가 죽은 뒤 왕의 동생인 양 행세한 가우마타라는 사제가 자신이 키루스 2세의 적자라고 주장하며 실권을 장악하자 다리우스를 포함한 귀족 7명이 가우마타를 살해했다. 그리고 혼란을 가라앉힌 7명 가운데 다리우스가 제3대 왕으로 즉위했다. 그러자 제국 각지에서 분수에 넘치게 스스로 왕이라 칭하는 자들이 나타나 반란을 일으켰다. 다리우스 1세는 19회에 걸친 전투로 이 가짜 왕들을 제압하고 왕권을 확립해 나갔다. 이 후계자 싸움의 양상은 그

너무 재밌어서 잠 못 드는
황제의 세계사

| 베히스툰 비문

리스 역사가 헤로도토스의 『역사』와 다리우스 1세가 새긴 '베히스툰 비문'을 통해 전해졌다.

  베히스툰 비문은 현재의 이란 서부에 우뚝 솟아 있는 산의 절벽에 새겨진 마애비(磨崖碑)로, 거짓 왕에게 승리한 기념으로 제작되었다. 가우마타를 짓밟은 다리우스 1세와 그의 앞에 끌려 나온, 반란을 일으킨 가짜 왕 9명의 모습이 그려져 있다. 그리고 조각의 주위에 고대 페르시아어와 아카드어, 엘람어로 반란 진압 등 왕의 업적을 기록해 왕위의 정통성을 강조했다.

다만 가우마타가 실존했는지는 의심스럽다. 사실은 캄비세스 2세의 진짜 동생이었다는 설도 있다. 최근에는 다리우스 1세 자신이 왕위 찬탈자이며 그것을 정당화하기 위해 가우마타의 일화를 만들어 냈다는 설이 유력하다. 다리우스 1세에게는 왕가의 혈통이라는 증거가 없었지만, 키루스 2세의 딸과 결혼함으로 마침내 위대한 선선대왕과의 관계가 만들어져 '왕통(王統)인 아케메네스 가문의 일문'임을 내세울 수 있게 되었다.

중앙 집권 체제로 통하는 왕의 길

후계자 싸움에 종지부를 찍은 다리우스 1세는 현재의 카자흐스탄 등에 해당하는 중앙아시아에서 일어난 유목민 카사족의 반란을 진압하고 그 기세를 몰아서 인더스강에 군대를 파병해 소아시아와 이집트 등의 반란도 진압했다. 흑해 북부에서는 기마 유목민인 스키타이족에게 고전했지만, 이 원정이 그리스 진출의 교두보가 되었으며 소아시아 연안의 섬들도 영토에 편입했다. 그리고 인더스강 유역에서 에게해, 중앙아시아에서 페르시아만에 이르는 영토를 차지한다.

다리우스 1세의 치세에 특필해야 할 점은 중앙 집권 체제를 확립

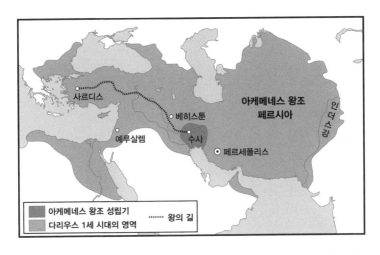

지도 내 텍스트:

사르디스

베히스툰

예루살렘

수사

페르세폴리스

아케메네스 왕조
페르시아

인더스강

■ 아케메네스 왕조 성립기
■ 다리우스 1세 시대의 영역
••••••• 왕의 길

아케메네스 왕조 페르시아의 영토　수대에 걸쳐 동서로 확대했던 영토를 통합하기 위해 도로망을 구축하는 등, 다리우스 1세는 영내 정비에 힘을 쏟았다.

함으로써 키루스 2세가 토대를 쌓은 제국을 완성시킨 것이다. 제국을 약 20개의 주(州)로 나누고 각 주의 장관인 '사트랍'에게 징세의 의무를 부과했다. 사트랍은 현지의 전통이나 문화를 바탕으로 자유롭게 통치를 했는데 '왕의 눈', '왕의 귀'라고 불리는 왕 직속 감찰관이 각 주를 순찰하며 사트랍의 동향과 주의 정세 등을 왕에게 보고했다.

　제국의 내부에서는 신속하게 정보를 전달하기 위해 행정상의 수도인 수사에서 서아시아 서부의 도시 사르디스까지 이어지는 약 2500킬로미터의 '왕의 길'이라는 간선 도로를 정비했다. 또한 길 중

다리우스 1세

간에 111곳의 역참을 설치하고 말과 사람이 역과 역 사이를 릴레이 방식으로 이동하는 역전(驛傳) 시스템을 만들었다. 이 장대한 길은 통신이나 군대의 이동, 국내의 치안 유지 등에 크게 공헌했다.

다리우스 1세는 제국에 화폐 경제도 도입했다. 중동에서는 무역 결제에 주화가 아니라 은을 사용했는데, 제국 통화로서 금은화를 발행했다. 다리우스 1세의 모습이 새겨진 금화는 왕의 이미지를 제국 각지에 퍼뜨리는 좋은 수단이었다.

이와 같은 일련의 시책을 통해 다리우스 1세는 중앙 집권 체제를 확립했다. 광대한 영토에 주 제도와 정보 전달망 등을 구축했으며 이민족을 동일한 국가 체제 아래 통합시켰다. 중앙 집권을 이룩한 제도들 가운데 주 제도는 아시리아에서, 왕의 길과 역참 등은 우르 제3왕조에서 계승한 아이디어였다. 요컨대 지배 지역의 전통을 자국에 적용한 것이다.

아케메네스 왕조 페르시아가 멸망한 뒤에도 주 제도는 훗날 로마 제국의 속주 제도로, 왕의 길은 역시 로마 제국 내의 장거리 도로망으로 계승되었다.

관용의 문화로 나라를 통치하다

그런데 아시리아는 아케메네스 왕조 페르시아보다 일찍 주 제도

너무 재밌어서 잠 못 드는
황제의 세계사

를 도입했지만 중앙 집권 국가를 실현하는 데는 결국 실패했다. 아시리아와 아케메네스 왕조 페르시아의 차이는 무엇이었을까? 그 답은 헤로도토스가 『역사』에서 이야기했듯이, "전 세계에서 페르시아인 만큼 외국의 풍습을 받아들이는 민족은 없기" 때문이었다. 아시리아가 강제 이주 등의 압정을 실시하는 강압적인 왕국이었던 데 비해 페르시아는 제국 각지의 문화나 종교 등에 관용적이었다. 다리우스 1세도 다른 문화가 공존하는 제국을 원활하게 통치하기 위해 각 지역의 문화를 수용했다. 제국의 언어로 페르시아어를 강요하거나 각지의 일상 언어에 간섭하지도 않았다. 한편 무역 분야에서는 제국 내에서 상업 활동을 활발하게 하던 아랍인의 언어인 아람어를 공용어로 채용했다. 그 결과 이민족 사이에 원활한 정보 전달과 문화 교류가 진행되었다.

아케메네스 왕조의 영토에 편입되어 있었던 이집트에서는 현지의 현인들에게 오래전부터 내려오는 이집트의 법률을 정리한 보고서를 작성케 했는데, 보고서에는 이집트어와 아람어가 병기되었다. 이는 자국의 언어뿐만 아니라 법률도 강요하지 않았다는 의미일 것이다. 이뿐만 아니라 선대 파라오들의 사업을 계승해서 신전의 복구와 건설에도 착수했다.

또한 다리우스 1세는 유대인 보호에도 힘을 쏟았다. 키루스 2세가 해방된 유대인들에게 예루살렘의 신전 재건을 허가했지만 경제적 사정 등으로 공사가 지체되고 있었는데, 유대인에게 신전 재건을 위한 은과 자재를 제공하고 그들과 그들의 활동을 보호했다.

아케메네스 왕조 페르시아가 압정으로 각 민족의 반발을 초래해 결국 붕괴한 아시리아와 다른 점은 이런 회유 정책으로 많은 민족의 협력을 얻어 냈다는 것이다. 이 통치 정책은 훗날 알렉산드로스 대왕의 제국에도 계승되었다.

현대에도 남아 있는 아케메네스 왕조의 발자취

고대 페르시아어를 오늘날에 전하는 역할을 한 사람도 다리우스 1세다. 복속민에게 강제되지 않았던 페르시아어는 공식 문서나 비문에만 사용되었다. 다리우스 1세는 앞에서 소개한 베히스툰 비문 이외에 왕궁이 건설된 페르세폴리스와 자기 묘지의 비문에 대량의 페르시아어를 사용했는데, 그 덕분에 수많은 고대 페르시아어 사료가 오늘날까지 남게 되었다.

참고로 페르세폴리스는 다리우스 1세가 조영을 시작한 이래 수 세대에 걸쳐 만들어진 수도다. 제국 전역에서 장인을 소집해서 장엄한 궁전도 건설했다. 이곳에서는 신년 의식이나 각 민족의 왕 알현, 호화찬란한 연회 등이 열렸다. 궁전은 훗날 알렉산드로스 대왕이 불태워서 폐허가 되었지만, 궁전의 터는 세계 유산으로 등록되었다.

너무 재밌어서 잠 못 드는
황제의 세계사

치세 후반, 다리우스 1세는 스키타이 원정에 실패한다. 이것이 페르시아의 지배 아래 있었던 소아시아 연안 그리스 도시들의 반란으로 이어지며 페르시아 전쟁의 계기가 된다. 육상 경기 마라톤의 유래가 된 마라톤 전투는 이 무렵 다리우스 1세의 명령으로 파병되었던 페르시아군이 각파 당한 싸움이다. 그래서 다리우스 1세가 직접 원정을 떠나려 했지만 급사하는 바람에 이루어지지 못했다. 결국 다리우스 1세와 키루스 2세의 딸 사이에서 태어난 아들 크세르크세스 1세가 전쟁을 계승한다. 그리고 이 크세르크세스 1세가 아테나이(고대 아테네)의 아크로폴리스에 불을 지른 것이 훗날 알렉산드로스 대왕이 페르시아를 멸망시키는 불씨가 된다.

다리우스 1세는 잇달아 영토를 넓히고 광범위한 지역을 대제국으로 통제했다. 그리고 정복 지역에서 이어받은 모든 정책은 다리우스 1세가 죽은 뒤에도 알렉산드로스 대왕의 제국과 로마 제국으로 계승되어 인류의 통치 행위를 뒷받침하는 토대가 되었다.

04。알렉산드로스 대왕

생몰년: 기원전 356년~기원전 323년
재위: 기원전 336년~기원전 323년
국가: 마케도니아 왕국

영웅박명, 천하를 얻었지만
32세에 요절하다

고대 그리스 북부에 위치했던 마케도니아 왕국은 페르시아 전쟁 무렵부터 서서히 세력을 확대해 필리포스 2세 시대에 고대 그리스를 정복한다. 그리고 필리포스 2세의 아들 알렉산드로스는 아버지의 유지를 이어받아 거의 전 세계를 손에 넣는 위업을 달성함으로써 '대왕'으로 칭송받고 있다.

동방 원정을 통해 계속 확대되었던 대왕의 제국은 훗날의 세계에 절대적인 영향을 끼쳤다. 그 유명한 고대 이집트의 여왕 클레오파트라도 대왕의 존재 없이는 탄생할 수 없었을 것이다.

대를 이은 정복 전쟁

알렉산드로스 대왕은 그리스인이지만 고대 그리스의 도시 국가인 폴리스에서 태어나지 않았다. 아테나이나 스파르타 같은 지역의 북쪽에서 폴리스를 만들지 않고 살던 그리스인의 나라인 마케도니아 왕국에서 태어났다.

마케도니아 왕국은 현재의 그리스, 마케도니아, 불가리아, 알바니아에 걸친 지역에 위치했다. 기원전 6세기 말에는 아케메네스 왕조 페르시아를 섬기고 있었지만 페르시아 전쟁에서 그리스가 승리한 것을 계기로 그리스 세계와의 관계를 강화했다. 이 소국은 폴리스 사회가 쇠퇴하기 시작한 기원전 4세기에 세력을 키워, 알렉산드로스 대왕의 아버지인 필리포스 2세의 통치 아래 그리스 각지를 정복한다. 그리스 중부의 폴리스 중 하나인 테베에서 인질로서 소년기를 보냈던 필리포스(필리포스 2세)는 그리스의 전법과 문화를 배우고 23세에 왕으로 즉위했다. 그리고 마케도니아의 군사력을 강화해 그리스 각지를 파죽지세로 점령해 나갔다. 그 기세가 너무나 강했기 때문에 아테나이에서는 반(反)필리포스의 기운이 고조되었지만, 필리포스 2세는 아테나이와 테베의 연합군을 카이로네이아 전투에서 격파하는 등 그리스 세계의 대부분을 제압했다.

필리포스 2세는 스파르타 이외의 모든 폴리스가 집결한 코린토스 동맹의 회의에서 그리스의 주도권과 페르시아에 대한 보복전의 결의를 얻어낸다. 페르시아에 침공당한 이래 그리스에는 복수를 노리는 세력이 항상 존재했다. 그래서 그리스 전체 동맹을 성립시키기 위해 공통의 적인 페르시아를 토벌한다는 목표를 내건 것이다.

그런데 필리포스 2세가 측근에게 암살당하는 사건이 발생하자 아들인 알렉산드로스가 페르시아 정벌을 맡게 되었다.

아리스토텔레스를 가정 교사로 두다

알렉산드로스는 왕위 다툼에 시달리지 않고 성장했다. 아버지처럼 인질이 된 적도 없이 아버지가 초빙한 가정 교사에게 가르침을 받았다. 그 가정 교사 중 1명이 그리스의 철학자 아리스토텔레스다. 알렉산드로스는 13세부터 3년 동안 또래의 귀족 자제들과 함께 아리스토텔레스에게 그리스의 교양을 배웠는데, 이후에 "내가 사는 것은 아버지 덕분이지만, 올바르게 살게 된 것은 아리스토텔레스 덕분이다"라고 말하기도 했다.

장래가 기대되던 이 소년에게는 그 자질을 드러내는 수많은 일화가 남아 있다. 사나운 말이었던 부케팔로스를 길들여 수년 후의 원정에서 애마로 삼았고, 아버지 필리포스 2세가 잇달아 승전보를 보내자 동갑내기 친구들에게 "아버지께서 전부 선수를 쳐 버리시니, 이러다가는 내가 자네들과 이루려 생각했던 대사업이 하나도

너무 재밌어서 잠 못 드는
황제의 세계사

남지 않겠구나"라고 불평을 터트렸다고 한다. 아버지를 뛰어넘고 싶다는 생각이 동방 원정 등의 원동력이 되었다는 설도 있다.

성격은 공상에 잠기기 좋아하는 낭만주의자로, 그리스의 서사시에 등장하는 영웅 아킬레우스를 동경했다고 한다. 차기 왕으로서의 자각과 야심을 품었던 소년은 16세에 섭정이 되어 나랏일을 맡았고, 카이로네이아 전투에도 참가했다. 그리고 20세에 아버지의 뒤를 이어 알렉산드로스 3세로 즉위한다.

마케도니아에 정복당했던 각 민족은 새로운 왕을 애송이라고 낮잡아 보고 인정하려 들지 않았다. 이에 알렉산드로스 3세는 2년에 걸쳐 각지의 반란을 진압함으로써 그리스 전역을 제압했는데, 이때 마케도니아군의 활약이 컸다. 알렉산드로스 3세는 반란이 일어날 때마다 현지로 신속하게 달려갔는데, 이러한 기동력이야말로 마케도니아군의 특징이었다.

그리스군에서는 병사 1명당 종자 1명이 따라다녔다. 페르시아군의 경우는 왕과 그 가족 등의 대규모 수행원, 화려하게 장식된 짐수레, 짐수레를 끄는 가축, 여기에 그 가축이 먹을 대량의 사료까지 함께 이동했다. 이런 과도한 인원과 짐은 행군의 속도를 떨어뜨릴 뿐만 아니라 마케도니아 주변은 산이 많아서 짐수레로 이동하기가 적합하지 않아 부대를 가볍게 만들 필요도 있었다. 그래서 마케도니아군은 짐수레와 여성의 동행을 금지하고 병사에게 자신의 짐은 스스로 운반케 하며 종자의 수도 제한했다. 이렇게 비전투원과 불

필요한 짐을 줄인 결과 기동력이 뛰어난 군대가 탄생했다. 병사들은 전투 전에 무기와 짐을 들고 약 50킬로미터를 주파하는 등의 가혹한 훈련으로 단련된 불굴의 직업 군인이었다. 그리스를 굴복시킨 알렉산드로스 3세는 이 우수한 군대에 그리스 병사를 추가한 뒤 아버지의 유지를 이어서 동방 원정에 나섰다.

그런데 이 군대는 알렉산드로스 3세가 아니라 필리포스 2세가 형성한 것이었다. 원정을 도운 신하와 친구 중에도 아버지를 통해 관계를 맺은 인물이 많았다. 공전의 대원정은 아버지의 존재가 있기에 가능했다고 말할 수 있을 것이다.

숙적 페르시아와의 싸움

기원전 334년 봄에 시작된 동방 원정에서 알렉산드로스 3세는 먼저 아케메네스 왕조 페르시아의 다리우스 3세와 두 차례에 걸친 전투를 벌인다.

먼저, 소아시아로 건너간 지 얼마 안 되었을 때 그라니코스강을 끼고 페르시아군과 전투를 벌였다. 이 전투에서 가슴에 창을 맞으면서도 적군을 패주시킨 알렉산드로스 3세는 소아시아 연안의 도시들을 차례차례 제압해 나갔고, 내륙부의 도시 고르디온을 거쳐 지중해 동쪽 연안의 북쪽 끝에 위치한 이소스에서 다리우스 3세의 본대와 대결한다. 열세에 몰린 다리우스 3세는 어머니와 아내와 자식들을 두고 도망쳤는데, 알렉산드로스 3세는 이 가족들을 신분에 맞게 정중히 대우했다고 한다.

지중해 동쪽 연안을 남하한 마케도니아군은 이집트에서 페르시아로부터 이집트를 해방시킨 영웅으로 환영받는다. 그리고 이곳에서 알렉산드로스 3세는 파라오가 되었으며, 나일 삼각주의 서쪽에 자신의 이름을 딴 그리스풍의 도시 알렉산드리아 건설을 구상한다.

동지중해를 장악하고 지중해 동쪽 연안을 북상해 메소포타미아로 진군한 알렉산드로스 3세는 티그리스강 중류의 가우가멜라에서 다리우스 3세와 다시 한번 맞붙어 그를 또다시 패주시켰다(가우가멜라 전투).

군은 실질적으로 아버지에게 '물려받은' 것이었지만, 수많은 전투에서 승리를 거둔 데는 알렉산드로스 3세 자신의 천재적인 지휘가 영향을 끼쳤다. 알렉산드로스 3세는 전장의 지형과 적군의 포진에 맞춰서 효과적인 전술을 만들어 냈는데, 수비적인 페르시아군을 상대할 때는 반드시 선수를 쳐서 적의 장군을 향해 신속하고 과감하게 돌진했다. 아군을 위험에 노출시키기 쉽다는 단점은 있었지만, 전투 때마다 전술을 발전시킨 젊은 지휘관의 존재가 승리를 이끌어 낸 것이다.

대륙 안쪽까지 진군한 마케도니아군은 고도(古都) 바빌론에서도 페르시아로부터 자신들을 해방시켜 준 영웅으로 환영받는다. 알렉

알렉산드로스 대왕

산드로스 3세는 아케메네스 왕조 페르시아의 수도인 페르세폴리스의 궁전을 불태우고 다리우스 3세를 쫓아 더욱 내륙으로 진군했는데, 다시 만났을 때 다리우스 3세는 측근에게 배신당해 죽어 가는 상태였다. 다리우스 3세는 알렉산드로스 3세의 품에서 숨을 거뒀고, 아케메네스 왕조 페르시아의 역사는 막을 내린다.

페르세폴리스를 점령한 알렉산드로스 3세는 페르시아의 의례와 관행 등을 존중해 영내에 남겼다. 아케메네스 왕조의 행정 기구도 계승했다. 처음에는 마케도니아인을 정복지의 총독으로 임명했지만 바빌론 입성 후에는 페르시아인도 적극적으로 등용했다. 페르시아의 궁정 의례와 의복도 도입했다. 수사에서는 마케도니아인 측근 약 80명과 페르시아 귀족 여성의 합동결혼식을 거행했으며, 자신도 아케메네스 왕조의 왕녀를 신부로 맞이했다. 여기에는 정치를 안정시키기 위해 마케도니아와 페르시아의 융화를 꾀하려는 목적이 있었다.

타도 페르시아라는 대의명분이 사라진 뒤에도 야망이 식지 않은 알렉산드로스 3세는 인더스강을 건너 인도로 향했다. 그러나 애마도 잃은 데다가 지친 병사들이 행군을 거부했기 때문에 귀환하고 만다. 그리고 기원전 323년, 알렉산드로스 3세는 바빌론에서 32세의 젊은 나이에 급사한다. 당시 인식되었던 거의 모든 세계를 눈 깜짝할 사이에 손에 넣었던 알렉산드로스 3세는 자신의 인생이라는 마라톤에서도 눈 깜짝할 사이에 도착점까지 달려 버렸던 것이다.

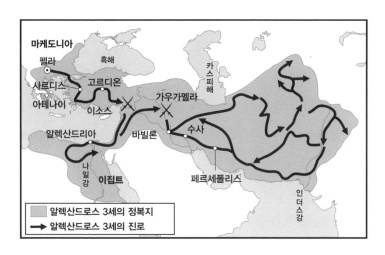

마케도니아
펠라
혹해
카스피해
사르디스
고르디온
아테나이
가우가멜라
이소스
알렉산드리아
바빌론
수사
나일강
이집트
페르세폴리스
인더스강

■ 알렉산드로스 3세의 정복지
➤ 알렉산드로스 3세의 진로

| 알렉산드로스 3세의 동방 원정

영웅의 자리에서 신의 자리로

원정 동행자 중에는 전기 작가도 많았다. 소년기에 알렉산드로스 3세와 함께 아리스토텔레스의 가르침을 받았던 프톨레마이오스도 그중 1명이다. 그들이 남긴 전기에는 원정 중의 알렉산드로스 3세의 모습이 묘사되어 있다.

알렉산드로스 3세는 때때로 병사들을 격려하고 자기 자신을 높이기 위해 자신을 영웅화하는 퍼포먼스를 했다. 소아시아 내륙의 고도 고르디온에서는 '묶인 매듭을 푸는 자는 아시아의 왕이 될 것'

알렉산드로스 대왕

이라는 전설이 있는 짐수레의 단단한 매듭을 단칼에 끊어 버렸다. '고르디우스의 매듭'이라고 불리는 이 일화는 현재도 어려운 문제를 단번에 해결한다는 의미로 사용되고 있다.

원정이 진행됨에 따라 알렉산드로스 3세의 자의식은 영웅에서 신으로 변화했다. 이집트에서는 현재의 리비아 국경 근처에 위치한 시와 오아시스의 신탁소에서 자신이 신의 아들이라는 신탁을 받았다고 발표했다. 또한 죽기 1년 전에는 그리스의 나라들에게 자신의 신격화를 요구했다고 한다.

인간성에 관한 일화도 남아 있다. 알렉산드로스 3세는 아리스토텔레스에게 가르침을 받아 죽을 때까지 독서를 즐겼으며, 아리스토텔레스가 교정한 책을 항상 단검과 함께 베개 밑에 뒀다고 한다. 문화와 자연 과학에도 관심이 많아 원정에 학자를 동행시켜 각지의 풍토와 동식물을 연구하도록 장려할 정도였다.

가우가멜라 전투에서는 휘하의 장군이 야습을 권하자 대낮에 정정당당하게 싸울 것을 선언하기도 했다. 원정 중에는 식사가 불공평하게 배분되지 않도록 신경 썼고, 한가할 때는 훈련과 사냥 등을 했다. 또한 바빌론 입성 후에는 향락에 빠진 측근들에게 "안락한 생활은 노예에게나 어울리는 것. 제왕에게는 엄격한 생활이 어울리네"라고 충고하는 등, 검소하고 성실한 모습을 보였다.

그런데 이렇게 금욕적인 생활을 하던 그가 원정 후반에는 호화로운 생활을 과시하며 아시아의 민족들을 굴복시키려 했다. 신이나

너무 재밌어서 잠 못 드는
황제의 세계사

영웅으로 간주되던 알렉산드로스 3세도 결국은 모순과 불완전성을 지닌 한 사람의 인간이었다고 할 수 있으리라.

아시아까지 전파된 그리스 문화

알렉산드로스 3세가 급사한 뒤, 왕위 계승이 원활히 진행되지 못해 왕가가 단절되고 만다. 마케도니아의 장군들은 실권을 장악하고자 후계자 싸움을 벌였고, 광대했던 영토는 기원전 4세기 말에 프톨레마이오스 왕조 이집트, 셀레우코스 왕조 시리아, 안티고노스 왕조 마케도니아 등의 국가로 분열된다.

19세기 독일의 역사가 드로이젠은 알렉산드로스 3세가 세상을 떠난 기원전 323년부터 기원전 30년에 이집트 여왕 클레오파트라가 자결해 프톨레마이오스 왕조가 멸망하기까지의 시대를 '헬레니즘'이라고 불렀다. 헬레니즘이란 그리스적인 문화·사상을 의미한다. 지금도 이집트 굴지의 도시인 알렉산드리아는 프톨레마이오스 왕조의 수도이자 헬레니즘의 중심지였다. 알렉산드로스 3세의 사후에 완성되어 프톨레마이오스와 그 자손들이 발전시킨 이 도시는 로마 시대에 100만 명이 사는 대도시였다. 교역의 중심지였을 뿐만 아니라 뮤지엄의 어원이 된 연구 시설 무세이온과 도서관, 천문대도 있었다. 이 땅에 알렉산드로스의 묘지를 만들었다고 전해지지만, 그 유적은 발견되지 않았다.

알렉산드리아라는 도시는 이집트 이외에도 아시아 각지에 건설되었고, 각 도시에 그리스인이 이주해 그리스 문화를 보급했다. 상인 등 사람들의 왕래도 활발해서 동서 문화가 혼합되었으며, 광대한 제국 내에서는 '코이네'라고 부르는 그리스어가 공통어로 보급되었다. 코이네는 신약 성서에 사용되었으며 히브리어로 쓰인 구약 성서도 이 언어로 번역되는 등, 세계적인 종교에도 지대한 영향을 끼쳤다. 이슬람 세계에서는 알렉산드로스 대왕을 『쿠란』에 등장하는 영웅과 동일시했으며 세계 정복자의 이상적인 원형으로 여겼다고 한다.

유럽에서 아시아에 이르는 광대한 땅을 제패한 것은 대왕의 이름에 걸맞은 위업이다. 최초의 목적은 '페르시아에 대한 복수'였지만, 대제국을 구축한 결과 그리스 문화가 아시아에 전파되었다. 이를테면 그리스의 조각은 불교권에 큰 영향을 끼쳐서, 인도에서는 불상이 만들어지게 되었다.

만약 그라니코스 전투에서 페르시아 병사의 창이 알렉산드로스 3세의 심장에 닿았다면 현재의 세계는 전혀 다른 모습이 되었을 것이다.

생몰년: 기원전 259년~기원전 210년
재위: 기원전 221년~기원전 210년(시황제로서)
국가: 진

천하를 다스려도
영생은 얻지 못한다

군웅이 땅을 나누어 차지하고 굳게 지키던 춘추 전국 시대에 종지부를 찍은 진의 영정(嬴政). 원래 진은 중원의 국가들이 봤을 때 벽지의 소국에 불과했지만, 법치주의를 바탕으로 국력을 높인 끝에 중국의 통일을 이룩한다.

영정은 자신을 시황제라고 칭하고 여러 가지 개혁적인 정책을 펼침으로써 국내를 통합해 나갔지만, 진 왕조는 불과 15년이라는 짧은 기간에 종말을 맞이했다. 위대한 '최초의 황제'는 후세의 중국 왕조에 무엇을 남겼을까?

황하 유역에서 문명이 태어나다

지금으로부터 2000년 이상 전에 중국 대륙의 지배자였던 진(秦)의 시황제는 그 이름처럼 중국 역사상 처음으로 '황제'라는 명칭을 사용한 인물이다. '차이나(China)'의 어원을 '진'으로 보는 설도 있는 것은 고대 유럽이 진을 중국의 시작으로 인식했기 때문인지도 모른다.

중국의 역사는 지금으로부터 5000년 이상 전에 황하 유역에서 일어난 황하 문명에서 시작된 것으로 여겨진다. 기원전 1900년에서 기원전 1600년에 번성한 하(夏)가 문헌에 등장하는 최초의 왕조다. 1950년에는 허난성의 옌스시에서 궁전을 포함한 대규모 집락군(群)이 출토되었다. 이 얼리터우 유적에서는 청동기와 복골(점을 칠 때 사용하는 짐승의 뼈) 등도 발굴되었는데, 복골에는 문자로 보이는 기호가 적혀 있었지만 문자로 인정받지는 못했다. 후세에 쓰인 문헌의 기술과 얼리터우를 포함한 주변 유적의 상황이 일치한다는 점에서 하가 실존했음은 확실시되고 있지만, 얼리터우 유적이 하의 유적인지는 아직 입증되지 않은 상태다.

고고학과 역사학의 측면에서 모두 존재를 인정받은 최초의 중국 왕조는 하에 이어서 건국된 은(殷. 또는 商)이다. 허난성 안양시에서 발견된 은허(殷墟)는 은 시대 후기의 유적으로 생각되고 있으며, 대량의 인골과 함께 거대한 무덤이 발견되었다. 출토된 귀갑(거북의 등

딱지)이나 짐승의 뼈에는 문자(갑골 문자)가 명확하게 새겨져 있는데, 이것이 오늘날 사용되는 한자의 바탕이 되었다.

기원전 1046년, 서쪽에 위치한 주(周)의 군주였던 희발(무왕)은 은을 멸망시키고 황하 유역에 주 왕조를 세운다. 그리고 기원전 770년에는 도읍이 호경(훗날의 장안)에서 낙읍(훗날의 낙양)으로 바뀌는데, 오늘날에는 천도 이전을 서주(西周), 천도 이후부터 멸망하기까지를 동주(東周)라고 부르며 나아가 동주 시대를 '춘추 시대'와 '전국 시대'로 구분한다. 다만 이 두 시대는 구분이 명확하지 않은 탓에 묶어서 '춘추 전국 시대'라고 부르는 것이 일반적이다.

전국칠웅의 으뜸이 된 비결

은이 멸망한 뒤, 주는 동쪽으로 세력을 넓히는 가운데 각지의 유력자들을 지배권에 편입시켜 나갔다. 유력자들은 주왕에게 공물을 바치고 유사시에는 군대를 파병하는 대신 토지와 백성을 지배할 권리를 얻었다. 그리고 시간이 지나면서 통지하는 토지의 넓이에 따라 공(公), 후(候), 백(伯), 자(子), 남(男)이라는 작위를 받았으며 이 신분은 세습을 통해 계승되었다. 즉, 주 시대의 중국에는 왕과 제후(군주)의 봉건 제도가 성립되어 있었다.

그런데 춘추 시대에 들어서자 주왕의 권위가 실추되면서 각지의

너무 재밌어서 잠 못 드는
황제의 세계사

군주가 서로 다투게 된다. 활약한 시기는 다르지만 특히 힘이 강했던 군주 5명을 '춘추오패(春秋五霸)'라고 부르는데, 진의 목공은 그중 1명으로 꼽히기도 한다. 각 나라는 분열과 합병을 거듭했는데, 전국 시대에 이르자 진, 초(楚), 제(齊), 연(燕), 조(趙), 한(韓)이라는 '전국칠웅(戰國七雄)'이 땅을 나누어 차지한다. 그리고 간신히 명맥을 유지하던 동주는 기원전 256년에 진에 멸망한다.

진의 기원은 현재의 산시성에 있었던 작은 나라다. 기원전 900년경에 말의 번식으로 공을 세웠던 비자라는 인물이 주의 효왕에게 진의 토지를 하사받았고, 비자의 자손이 진의 군주가 되었다. 참고

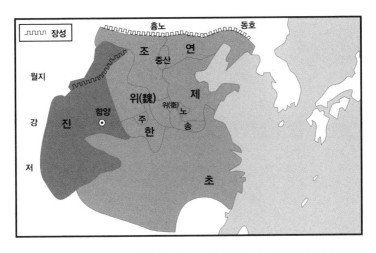

전국 시대의 중국 정세 전국칠웅 이외에 주 등의 소국도 존재했지만 서서히 도태되었으며, 마지막까지 남았던 제를 멸망시킨 진이 중국 통일을 달성했다.

진시황제

로 시황제의 본명은 영정인데, 이 '영'이라는 성은 효왕이 비자에게 하사한 것이다.

진이 강국이 된 배경에는 법가(法家)의 등용이 있다. 법가란 국가를 통치할 때 법을 중시하는 학파다. 춘추 시대 말기에는 공자가 창시한 예를 중시하는 유가(儒家)도 세력을 늘리고 있었는데, 법가가 제창하는 법치주의와 유가가 이상으로 여기는 덕치주의는 양립되지 않는 부분이 적지 않았다. 그런 상황에서 제25대 군주인 효공은 구태의연한 제도들을 쇄신하고자 법치주의를 국가의 토대로 도입했다.

효공이 등용한 정치가 상앙은 '변법'이라고 부르는 대개혁을 단행했다. 기존의 귀족층이 가진 기득권을 폐지하고 실력주의에 근거해 신하에게 작위나 토지를 줬다. 또한 통일 후의 진에 도입된 군현제나 저울, 되, 계산 단위 등 도량형의 통일도 이 시점에 이미 실시되었다. 이것을 보면 당시의 진은 시황제가 지향했던 국가의 모델이었다고도 할 수 있다.

이러한 개혁의 결과, 진은 소양왕(효공의 손자이며 시황제의 증조부) 시대에 이르자 전국칠웅 중에서도 다른 나라들이 힘을 합치지 않으면 대항할 수 없을 정도의 최강국이 되었다.

너무 재밌어서 잠 못 드는
황제의 세계사

황제 속에 담긴 위대한 포부

훗날 황제가 되는 영정은 왕성에서 편하게 자란 사람이 아니었다. 부친인 자초의 왕위 계승 가능성이 작았기 때문에 유년기에는 조의 수도에서 인질 생활을 했다. 그런데 대상인이었던 여불위의 공작으로 자초가 진의 태자가 되었고, 그 결과 영정도 일약 진의 후계자로 떠올랐다.

그 후 자초는 장양왕으로 즉위하지만 3년 만에 병으로 세상을 떠났고, 기원전 247년에 영정이 진의 왕이 되었다. 다만 아직 10대 초반이었던 까닭에 정치의 실권은 당시 승상(재상에 해당한다)이었던 여불위가 장악하고 있었다. 그러나 영정은 성장함에 따라 정사를 직접 돌보고 싶다는 욕구가 강해져 결국 여불위를 추방하고 명실상부한 진의 실권자가 된다. 그 후에는 연의 태자가 보낸 자객에게 암살당할 위기를 극복하고 강력한 군사력을 배경으로 타국을 잇달아 멸망시켰으며, 기원전 221년에 마침내 중국 통일을 이룩했다.

통일 왕국의 군주가 된 영정이 제일 먼저 한 일은 자신의 칭호를 바꾸는 것이었다. 전국 시대 말기에는 전국칠웅의 군주가 저마다 왕을 자칭하고 있었기 때문에 자신이 그들보다 지위가 더 높음을 천하에 알릴 필요가 있었다. 그래서 신하들에게 거듭 의견을 구한 끝에 새로 만든 명칭이 바로 '황제'였다. 그 유래는 중국 고대 신화에 나오는 세 주신(柱神)과 성스러운 군주 5명을 가리키는 '삼황오제

진시황제

(三皇五帝)'로서, 그들보다 위대한 존재가 되려는 생각이 담겨 있었다.

아울러 시황제는 정통성에도 집착해서, 자신이 천하를 통치하는 것의 정당한 근거로 제자백가 중 하나인 음양가(陰陽家)가 주장한 '오행설'을 채용했다. 당시의 중국에서는 제왕이 만물을 구성하는 5원소 중 하나의 덕을 지니고 있으며 왕조는 화·수·토·목·금의 순서로 교체된다고 생각했다. 예를 들어 은은 금, 주는 화, 진은 수의 덕을 지녔다고 여겼다. 주군이었던 주를 멸망시키고 패권을 잡은 진으로서는 민중의 구심력을 유지하기 위해서라도 왕조 교체를 개

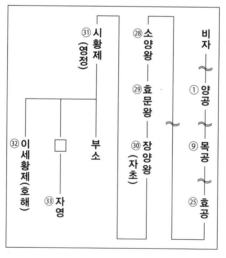

| 진왕의 계보

너무 재밌어서 잠 못 드는
황제의 세계사

인의 뜻이 아닌 자연의 섭리로 만들어야 했다.

여담이지만, 이 다섯 가지 덕에는 저마다 색이 할당되어 있었으며 수의 색은 검은색이었다. 따라서 초상화에 그려진 검은색 옷을 걸친 시황제의 모습은 오행설이 중시되었다는 증거라고 할 수 있다.

혁신적인 정책으로 나라의 기반을 다지다

이후 시황제는 정치가 이사를 등용하고 법치주의를 토대로 한 혁신적인 정책을 잇달아 실행에 옮겼다. 대표적인 정책으로는 도량형, 화폐, 수레의 바퀴 너비, 문자 서체의 통일을 들 수 있다. 그리고 이러한 통일 정책 이상으로 중요한 것이 새로운 통치 시스템의 도입이다. 시황제는 전국 시대의 진에서 채용했던 군현제를 발전시켜 진 이외의 나라를 폐지하고 36개(훗날 48개로 변경)의 군(郡)을 설치했다. 또한 군을 다시 현(縣), 향(鄉), 리(里)로 세분화하고 중앙에서 파견한 관리가 통치하게 했다. 그 결과 진에서는 봉건제를 대신해 중앙 집권 체제가 확립되었다.

국외로 눈을 돌리면, 북방에서는 흉노라고 불리는 이민족이 국경을 어지럽히고 있어서 이에 대한 대책이 시급했다. 시황제는 30만 명에 이르는 병사를 국경 부근에 파견해서 흉노를 몰아내고 다시 침입하지 못하도록 장성을 정비했다. 일반적으로는 시황제가 이 장성을 축조했다는 인식이 강한데, 성벽 자체는 진 왕조가 성립되기 이전부터 여기저기 흩어져 있었으며 시황제는 그것들을 하나로 연결했을 뿐이다.

이러한 거대 건조물은 진 시대의 특징 중 하나로, 시황제는 1만 명이 앉을 수 있는 정전(正殿)을 갖춘 아방궁과 자신의 능묘인 여산릉(진시황릉), 여기에 부속된 병마용갱 등도 건조했다. 그러나 이렇게 자신의 위세를 과시하려는 목적으로 실시한 대규모 공사는 노동력으로 동원된 민중의 생활을 압박하게 되었다.

영원한 생명을 바라다

시황제는 황제로 즉위하면서 현재의 산둥성 타이안시에 있는 태산에서 봉선(封禪) 의식을 집행한 것으로 알려져 있다. 이는 하늘과 땅의 신에게 정치의 성공을 보고하는 제사로, 전한의 무제나 당의 현종 등도 실시했다. 시황제가 어떤 의식을 치렀는지 그 내용은 분명하지 않지만, '신선 사상'과 관련이 있었던 것으로 보인다.

신선 사상은 불로불사의 신선이 존재한다고 믿으며 사람도 신선이 될 수 있다고 생각하는 사상이다. 시황제는 의술과 점서(占筮) 등에 뛰어난 방사(方士)에게 그 방법을 찾게 했다. 사마천의 『사기』에는 명령을 받은 서복이라는 방사가 영약이 있다고 여겨지는 삼신

산을 찾아 동쪽으로 갔지만 발견하지 못하고 평원광택(平原廣澤)에서 왕이 되었다는 기록이 있다.

영원한 생명에 집착한 시황제는 그 후에도 방사에게 비약을 연구시킨 끝에 단약이라는 약의 개발에 성공하지만, 그 약의 실체는 수은이었다. 『사기』에는 시황제의 묘에 수은이 흐르는 강과 바다가 있었다는 기록도 있는데, 조사 결과 진시황릉에서 수은이 증발한 흔적이 발견되었다. 또한 2002년에는 후난성의 우물 밑바닥에서 3만 6000장이나 되는 목간이 발견되었는데, 그중에는 불로불사의 약을 찾으라는 시황제의 명령이 적힌 것이나 이에 당혹감을 감추지 못하는 마을 주민들의 모습이 적힌 것도 있었다고 한다.

성급한 개혁이 낳은 민중의 불만

진 왕조는 중국을 통일한 지 15년 만에 멸망했다. 이렇게 단기간에 종말을 맞이한 이유로는 법치주의 적용이 지나치게 엄격했다는 점과 개혁을 너무 서둘렀다는 점을 들 수 있다.

시황제는 자신의 정치에 비판적인 사람을 가혹하게 처벌했다. 그중에서도 '분서갱유'라고 부르는 탄압의 경우 진의 역사, 의학, 점술, 농업 분야 이외의 책을 몰수해 불태우고 정치를 비판한 460명에 이르는 유생을 생매장했다. 또한 군령을 위반하면 이유를 불문

진시황제

하고 사형에 처했다. 당시의 치세가 민중에게 불만과 공포를 가져다줬음은 상상하기 어렵지 않다.

기원전 210년, 지방을 시찰하던 시황제는 49세에 병으로 세상을 떠났다. 큰아들인 부소는 총명해서 생전의 시황제도 후계자로 삼으려 했지만, 정책을 둘러싸고 대립하게 되자 시황제가 흉노족과의 최전선으로 보내 버린 상태였다. 환관인 조고는 이 틈을 노려서 시황제의 막내아들인 호해를 이세황제로 옹립했고, 부친의 죽음을 알지 못했던 부소에게 날조한 칙서를 보내 자결로 몰았다. 또한 시황제의 오른팔이었던 이사도 모략을 통해 처형했다.

그리고 기원전 209년, 궁중의 혼란과 때를 같이 해 중국 역사상 최초의 농민 반란으로 알려진 진승·오광의 난이 발발한다. 반란의 불똥은 전국으로 튀었고, 이미 멸망한 나라의 유력자들도 봉기했다. 이때 초의 반란군에는 초의 장군 일족인 항우와 농민 출신의 유방이 있었다. 유방이 진의 수도인 함양에 접근하자 조고는 이세황제를 자살로 몰아넣고 시황제의 손자에 해당하는 자영을 옹립하려 했다. 그러나 자영은 조고를 죽인 뒤 황제의 칭호를 버리고 유방에게 항복했다. 결국 시황제의 일족은 유방의 뒤를 이어서 함양에 도착한 항우에게 살해당했고, 이로써 진은 멸망한다.

이후 항우와 벌인 초한 전쟁에서 승리한 유방은 한(漢) 왕조를 연다. 한은 군현제를 토대로 한 군국제를 실시하는 등 진의 정책을 어느 정도 답습했다. 또 한편으로는 과도했던 법치주의를 수정하고 대규모 토목 사업을 중지했으며, 흉노와 화해하는 등 진의 실패를 거울삼은 정치를 실천했다.

이후 진은 오랜 세월에 걸쳐 비판의 대상이 되었고 시황제는 폭군의 대명사가 되었지만, 강력한 권력을 지닌 황제가 국가를 통치하는 정치 시스템이 20세기까지 존속했다는 점에서 시황제의 업적도 재평가되고 있다.

진시황제

06 ∘ 아우구스투스

생몰년: 기원전 63년~서기 14년
재위: 기원전 27년~서기 14년
국가: 로마 제국

팍스 로마나,
모든 길은 로마로 통한다

공화정 로마는 주변 국가들을 차례차례 정복해 지중해의 패권 국가가 되었지만, 장기간에 걸친 전쟁으로 국력이 약해져 내란이 발발하고 있었다. 갈리아를 평정한 영웅 카이사르는 독재자가 될 것을 우려한 이들에게 암살당한다.

카이사르의 후계자인 옥타비아누스는 내란을 진압하고 파탄 상태였던 공화정을 제정(帝政)으로 전환해 초대 로마 황제 아우구스투스가 된다. 전통적으로 독재를 싫어했던 로마에서 단독 지배자가 될 수 있었던 이유는 무엇일까? 그리고 '아우구스투스'라는 칭호를 선사받은 이유는 무엇일까?

공화정이 흔들리며 혼란에 빠진 로마

"인생이라는 희극에서 나는 내 역할을 충실히 연기하는 데 성공했을까?" 서기 14년 8월, 폼페이 근교의 도시 놀라에서 가족들에게 둘러싸인 한 노인이 이런 마지막 말을 남겼다. 생전에 연극을 좋아했던 노인은 자신을 연기자라고 생각했던 듯하다. 그 노인의 이름은 아우구스투스로, 초대 로마 황제였다. 그 유명한 율리우스 카이사르의 암살로 아우구스투스의 인생은 그야말로 드라마처럼 크게 요동치기 시작했다.

기원전 8세기경 이탈리아 중부의 테베레강 연안에 건설된 도시 국가 로마에서는 기원전 509년에 왕의 추방을 계기로 왕정에서 공화정으로 이행되었다. 원래는 귀족과 평민 사이에 신분 차이가 있었지만, 군사력의 중심인 중소 농민들의 불만이 커짐에 따라 기원전 3세기에는 귀족과 평민이 정치 측면에서 대등한 권리를 갖게 되었다. 이후 농민이 주력인 로마군은 주변 도시 국가들을 차례차례 공략해, 기원전 2세기에는 지중해 연안에 수많은 지배 지역과 속주를 가진 강대한 국가가 되었다.

그러나 속주의 통지와 세금 징수를 담당한 귀족들만 풍요로워졌을 뿐 농민들은 계속 몰락해 갔다. 장기간의 전쟁으로 농민들이 경

아우구스투스

작하지 못하자 농지는 황폐해졌고, 농민들은 무산시민°이 되어 수도 로마로 흘러들었다. 그래서 기원전 2세기 후반에 그라쿠스 형제가 등장해 토지를 재분배하는 개혁에 착수했지만 귀족 등 반대 세력의 공격을 받아 실패하고, 이후 사병을 소유한 유력 정치가들이 충돌하는 등 로마는 약 100년 동안 분쟁에 시달린다. 이 혼란기를 '내란의 1세기'라고 부르는데, 그 혼란을 가라앉힌 3명 중 1명이 바로 율리우스 카이사르다.

유력 정치가인 폼페이우스, 크라수스와 훗날 '제1차 삼두 정치'라고 불리는 사적인 정치 동맹을 체결했던 카이사르는 크라수스가 전사한 뒤 폼페이우스와 대립하게 되었다. 카이사르는 결국 폼페이우스를 쓰러뜨린 뒤 비상시에 일시적으로 전권을 위임받는 독재관에 종신 취임한다. 그러나 이렇게 민중의 인기와 권력을 손에 넣었던 카이사르는 정치가 브루투스에게 암살당하고 만다.

카이사르의 복수와 이집트의 종언

아우구스투스는 기원전 63년에 로마 남동쪽에 위치한 작은 마을

°   재산이 없는 하층민. 로마에서는 이들을 프롤레타리아라고 불렀다.

너무 재밌어서 잠 못 드는
황제의 세계사

의 유력가 집안에서 태어났다. 이 무렵에는 옥타비아누스로 불렸다. 4세에 아버지를 잃은 그는 외할머니이자 카이사르의 여동생인 율리아의 손에서 자랐는데, 12세에 율리아도 세상을 떠난다. 율리아의 장례식에서 추도 연설을 한 옥타비아누스는 카이사르의 눈에 띄었고, 이후 카이사르는 이 소년에게서 재능을 발견했는지 폼페이우스파를 토벌하기 위한 원정에 동행시키고 속주로 유학을 보내는 등 그를 총애한다.

옥타비아누스는 카이사르가 암살당했다는 소식을 유학지에서

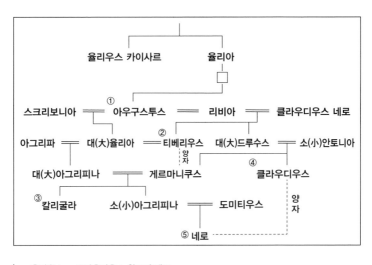

| 율리우스 · 클라우디우스 왕조의 계보

듣는다. 그리고 유언장을 통해 자신이 카이사르의 후계자로 지명되었음을 알자 카이사르의 부장인 안토니우스, 레피두스와 '제2차 삼두 정치'라는 정치 동맹을 맺고 브루투스 등 카이사르를 죽인 세력을 토벌한다. 그런데 안토니우스가 이집트의 여왕 클레오파트라에게 매료된다. 옥타비아누스의 여동생 옥타비아를 아내로 맞이했지만 결국 이혼하고 클레오파트라와 결혼한 안토니우스는 동방 속주의 요지를 클레오파트라에게 선물하려 하는 등 로마에 대한 배신 행위를 하기에 이른다. 이에 격분한 로마 시민들의 지지를 등에 업은 옥타비아누스는 기원전 31년에 그리스 북서쪽 해역인 악티움에서 이집트 함대를 격파했고, 궁지에 몰린 안토니우스와 클레오파트라는 자결하고 만다. 이로써 프톨레마이오스 왕조 이집트는 로마의 속주가 되었으며 내란은 수습되었다.

안토니우스를 격파해 국내에 대항 세력이 없어진 옥타비아누스는 지배권을 확립하게 된다.

왜 '아우구스투스'인가?

"나는 나의 직무에서 완전히 물러나고 그대들에게 모든 권한, 즉 군대와 법, 나아가서는 속주에 대한 권한을 되돌려주려 한다."

기원전 27년, 옥타비아누스는 귀족 회의인 원로원에서 이렇게 연설해 찬사를 받았다. 카이사르의 상속인인 옥타비아누스는 카이사르가 취임한 종신 독재관의 권력도 물려받았는데, 이 비상대권을 원로원과 국민에게 되돌려주겠다고 선언한 것이다.

원로원이 환호한 이유를 알려면 왕정 시대로 거슬러 올라가야 한다. 도시 국가를 형성했을 무렵의 로마는 이탈리아 중부 토스카나 지방에 거점을 둔 에트루리아인 왕의 지배를 받고 있었다. 초기에는 선정을 펼쳤던 왕도 시대가 지나면서 오만해졌고, 왕의 행동에 불만을 품은 원로원은 왕을 추방한다. 로마인은 자신들이 자유민이라는 의식이 강했기 때문에 그 자유를 침해할 우려가 있는 독재자에게 혐오감을 품었던 것이다. 이 의식은 원로원 중심이 된 공화정 시대에도 계속되어서, 독재자가 될 기세였던 카이사르는 공화정을 지지하는 브루투스 등에게 암살당한다. 그래서 권력을 손에 넣으면서도 단독 지배자가 되기를 포기하고 원로원 주도의 공화정으로 되돌아가겠다고 선언한 옥타비아누스에게 원로원이 경의를 표한 것이다. 이 공적으로 옥타비아누스는 '아우구스투스(존엄한 자)'라는 칭호를 받는다. 여담이지만 율리우스력의 8월은 이 칭호를 따서 훗날 '아우구스투스의 달'로 명명되었으며, 현재 많은 나라에서 사용하고 있는 그레고리력에서는 'August'로 표기된다.

아우구스투스는 카이사르의 전철을 밟지 않기 위해 공화정의 부흥을 전제로 삼았으며 '시민의 제일인자(Princeps)' 지위를 고수했다. 국정을 원로원과 분담하는 한편, 모든 권력을 반환하겠다고 선언했으면서도 수많은 관직을 겸임함으로써 독재적인 실권을 장악해 나간 끝에 독재자라는 의심을 사지 않고 사실상의 황제가 되는 데 성공한다.

이렇게 해서 제정이 시작되었지만, 당시만 해도 '황제'를 의미하는 말은 없었으며 어디까지나 시민의 제일인자가 통치하는 '원수정(Principatus)'이었다. 이것이 제정 후기에 나타나는 원로원을 무시한 전제 군주정과 크게 다른 점이다.

살기 좋은 로마 제국으로 변혁시키다

이처럼 교묘하게 제정을 수립한 아우구스투스는 몸이 허약했다. 위장이 좋지 않아서 항상 복대를 감고 있었으며 여러 가지 약을 휴대하고 다니는 등, 그가 병약한 체질이었다는 기록이 많이 남아 있다. 그래서 아우구스투스가 총사령관을 맡은 전투에서 실제로 군을 이끌고 싸운 사람은 어릴 적부터 친구였던 아그리파였다. 아그리파는 군인으로서 실력을 발휘해 군사적인 측면에서 아우구스투스를 뒷받침했다. 악티움 해전을 지휘한 사람도 아그리파다.

아우구스투스 시대의 제국 영토는 동쪽으로는 현재의 시리아, 서쪽으로는 스페인, 남쪽으로는 이집트까지 확대되었지만, 행정 시스템이 정비되지 않은 지역도 있었다. 아우구스투스는 아그리파와 함께 수년에 걸쳐서 속주를 순찰하고 각지의 행정 시스템을 정비했다. 호구 조사를 시행해 세금 부담이 공평한지 확인하고, 속주 총독의 부정한 징수가 없는지 철저히 감시했다. 두 사람이 각지에 로마의 생활 양식을 보급하고 도시화를 촉진한 결과 제국의 사람들에게는 로마에 대한 충성과 감사의 마음이 생겨났으며, 자신은 제국의 수혜자라는 의식이 싹텄다. '나는 로마 제국의 일원이다'라는 의식은 그 후 약 500년 동안 유럽과 지중해 연안 지역을 하나로 묶는 데 공헌했다.

아우구스투스는 제국의 중추인 로마도 새롭게 탈바꿈시켰다. 화재나 홍수 등에 약했던 로마에 대리석을 많이 사용한 공공 건축물과 신전을 잇달아 건설한 것을 시작으로 수도국의 개설과 도로망 부설·개수 등의 인프라 정비에도 착수했다. 식량이 부족해졌을 때는 자신의 자산을 투입하는 등의 방법으로 문제를 해결하려 힘썼다. 거리에는 야경 소방대와 수도 경호대를 설치해 도시에서 안전하게 생활할 수 있도록 했다. 또한 이후 300년에 걸쳐 로마 제국의 기축 통화가 되는 새로운 통화 제도를 도입하고, 저출산 문제 해결을 목적으로 자녀가 있는 세대를 우대하는 법률을 제정하는 등 다각적인 정책을 실시했다. 겉모습부터 제도에 이르기까지 모든 것이 새로워진 로마는 제국의 수도에 걸맞은 도시로 진화했다.

이후 약 200년은 번영이 계속되었으며, 이 시대를 '팍스 로마나(로마의 평화)'라고 부른다.

따뜻함과 냉혹함이라는 두 얼굴

제정기의 기반을 구축한 아우구스투스에게는 인간미 넘치는 일화도 있다. 그리스 신화의 영웅 아이아스의 비극을 종이에 써 봤지만 완성도가 만족스럽지 않아 해면(海綿)으로 글자를 지우고는 친구에게 "아이아스는 해면으로 자살했다네"라고 말했다고 한다. 그뿐만 아니라 척척 일을 처리하는 것도 '아스파라거스를 요리하는 것보다 빠르게 일을 처리한다'라고 표현하는 등, 익살스러운 모습이 엿보인다. 또한 단정한 이목구비의 우아한 미남이기도 해서 평생에 걸쳐 정사에 관한 소문이 끊이지 않았다고 하지만, 재혼한 아내 리비아와는 죽을 때까지 화목하게 살았다.

그러나 아우구스투스에게는 사람을 매료시키는 사인(私人)으로서의 얼굴뿐만 아니라 인정사정없는 공인(公人)으로서의 얼굴도 있었다. 안토니우스나 레피두스와 손을 잡을 필요가 있을 때는 공화정 옹호파인 친구를 저버리기도 했다.

물론 통치자에게는 때때로 냉혹함이 요구되며, 그의 냉철한 모습은 대부분 공공의 이익을 위해서였다. 그러나 이러한 냉혹함이 사생활에는 악영향을 끼쳤다. 자신과 혈연이 있는 후계자에게 집착한 나머지 리비아가 데리고 온 아들 티베리우스를 아내로부터 억지로 떼어놓고 전처와의 사이에서 낳은 딸 율리아(대 율리아)와 결혼시키는 등 근친을 물건처럼 다루는 바람에 가정이 붕괴된 것이다. 결국 그는 친족 중에서 후계자를 지정하지 못한 채 75세에 세상을 떠났고, 리비아가 전남편과의 사이에서 낳은 아들 티베리우스가 그의 뒤를 잇게 된다.

아우구스투스가 세상을 떠난 뒤 황제 중심 체제는 서서히 확립되었는데, 이 황제의 권한은 시민의 제일인자라는 위치상 혈통을 통한 세습이 정당화되지 않아 황제의 지위가 보증되지 않았다. 원로원과의 대립과 의심, 시기로 많은 사람이 숙청되는 가운데 54년에 즉위한 네로는 첫 5년 동안은 선정을 펼쳤다. 그러나 그 후 모친 살해와 크리스트교도 박해 등 수많은 비인도적 행위를 저질러 원로원의 공적이 되었고, 결국 자살하고 말았다. 이런 참담한 상황은 훗날 오현제(五賢帝)가 등장할 때까지 계속되었다.

아우구스투스는 시민의 제일인자 위치를 관철하면서 공화정 로마를 제국으로 바꿔 놓았다. 새로운 시대의 막을 연다는 자신의 역할을 다하고 떠난 것이다.

생몰년: 53년~117년
재위: 98년~117년
국가: 로마 제국

행복한 시대를
떠올리게 하는 그 사람

로마 제국의 최전성기인 오현제 시대는 후세의 역사가로부터 '인류 역사상 가장 행복했던 시대'로 칭송받았다. 그 다섯 황제 가운데 제국에 특히 이익을 안겨준 사람이 '최고의 원수(Optimus Princeps)' 트라야누스 황제다.

제국의 중추가 아닌 속주에서 태어난 트라야누스 황제는 제국의 구성원이 변모해 갔던 시대상을 반영해 신구 세력을 모두 존중하는 정책을 실시했다. 그리고 제국 사상 최대 규모로 영토를 확장했다. 사상 최대의 영토는 제국에 무엇을 가져다줬을까? 그리고 그가 '최고'라고 칭송받은 이유는 무엇일까?

가장 행복한 시대의 막이 오르다

현대의 로마 시민에게 위대한 황제라고 하면 누가 생각나느냐고 물었을 때 반드시 꼽히는 이가 트라야누스 황제다. 트라야누스 황제는 로마 제국에 수많은 이익을 가져다줬으며, 영토를 로마 역사상 최대로 넓혔다. 트라야누스 황제는 제국이 최대로 번영했던 오현제 시대의 다섯 황제 중 두 번째 황제로서 17년 동안 제위에 있었다.

오현제 시대는 팍스 로마나의 황금기다. 다만 18세기의 역사가 에드워드 기번이 "인류 역사상 가장 행복했던 시대"라고 평가한 이 시대에 이르기까지 제국은 힘든 시기를 보내야 했다. 폭군으로 악명 높은 네로가 죽은 뒤 오현제 시대가 시작되기까지 모두 6명의 황제가 있었다. 이 무렵의 황제는 초대 황제 아우구스투스와 같은 카리스마가 없었기 때문에 민중의 지지를 모으기 위해 시민을 상대로 열심히 서비스를 했다. '빵과 서커스'로 불리는 식량 배급과 화려한 볼거리(오락)다. 전차 경주나 검투사 시합 등의 흥행이 원형 투기장에서 열렸다. 현재의 로마시에 있는 세계 유적 콜로세움은 이 시기에 만들어진 건물이다.

오현제 시대 직전의 황제인 도미티아누스의 경우는 재정 악화와 공포 정치 등이 원인이 되어 음모에 의해 암살당하기까지 했다. 그리고 암살 당일에 원로원 의원인 네르바가 황제로 추대되면서 오

트라야누스 황제

현제 시대가 시작된다.

그런데 네르바 황제는 노령이고 병약했던 데다가 아들도 없었기 때문에 후계자를 찾기 시작했고, 트라야누스를 주목하게 된다.

처음으로 속주 출신자가 황제의 자리에 오르다

제정 시대에는 50개의 속주가 있었는데, 평화롭고 풍요로운 지중해 연안 지역과 외부 민족의 침입 등으로 시끄러운 국경 지대로 크게 나눌 수 있었다. 수도 로마에는 지중해 연안으로부터 수많은 물자가 유입되었고, 그곳에서 징수된 세금은 제국군을 유지하는 데 사용되었다. 한편 변경에는 철저한 방비를 위해 대다수의 군대가 배치되었다. 로마 제국은 속주의 통치와 방위를 담당하고 최첨단 문화도 전했지만, 자신들의 가치관을 강요하지 않고 그 지역의 자치와 풍습 등을 존중했다. 이렇게 해서 수도 로마와 이탈리아반도를 본거지로 삼지 않는 '새로운 로마인'이 늘어났는데, 트라야누스는 바로 그런 새로운 로마인을 상징하는 인물이었다.

트라야누스는 최초의 속주 출신 황제다. 그는 로마 문화의 영향을 받아서 발전한 이탈리카(현재의 스페인 남부에 위치)라는 마을에서 태어났다. 그의 가문은 황제와 원로원 의원에 버금가는 기사 계급으로서 대대로 그 땅에서 살던 일족으로, 아버지 대에 원로원 의원이

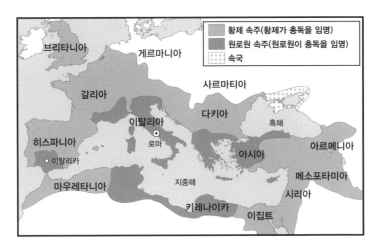

■	황제 속주(황제가 총독을 임명)
■	원로원 속주(원로원이 총독을 임명)
⠿	속국

브리타니아

게르마니아

갈리아

사르마티아

다키아

이탈리아
로마

흑해

히스파니아

아시아

아르메니아

이탈리카

메소포타미아

마우레타니아

지중해

시리아

키레나이카

이집트

트라야누스 황제 치세의 제국 영토　　본거지인 로마 이외에 수십 개에 이르는 속주를 지배하고 있었던 로마는 트라야누스 황제 치세에 최대 영토를 갖게 되었다.

되었다. 트라야누스는 시리아의 속주 총독이 된 아버지를 따라가 10대 후반에 군무를 맡았고, 법무관과 집정관을 거쳐 게르마니아의 총독이 되었다. 그런데 44세에 자신이 네르바 황제로부터 차기 황제로 지명되었음을 알게 된다. 네르바 황제와 트라야누스의 사이에는 혈연관계가 없었기 때문에 양자 결연을 추진했고, 네르바 황제의 치세는 1년 4개월 만에 막을 내렸다. 이후 오현제 시대에는 황제가 적임자를 후계자로 지명하는 방식이 계속 사용되었다.

원로원, 군대, 민중에게 환대받은 겸허한 새 황제

네르바 황제가 트라야누스를 지명한 이유는 원로원과 군대 모두에 호감을 줄 수 있는 인물이라는 조건에 부합했기 때문이다. 그 근거에 대해서는 트라야누스의 인맥과 좋은 가문, 다수의 군대 보유 등 다양한 설이 있다. 그렇다면 왜 황제는 원로원과 군대의 지지가 필요했을까?

원로원 의원은 왕정 시대부터 계속 존재하던 직위로, 위정자에게 의견을 말하거나 보좌하는 등의 일을 했다. 앞서 말했듯이 로마 제국은 왕정 시대에 독재적인 왕을 추방하고 원로원 중심의 공화정으로 이행한 역사가 있어 독재자에 대한 혐오감과 '로마는 원로원이 주도하는 국가다'라는 의식이 있었다. 제정 시대에는 황제의 존재가 있기 때문에 공화정 시대처럼 주도적으로 움직일 수는 없었지만, 그래도 원로원이 주도한다는 의식은 여전히 남아 있었다. 그런 까닭에 정식 황제가 되려면 원로원의 승인이 필요했다. 속주 총독도 원로원 의원 중에서 임명되었으며, 변경에 주둔한 군대의 단장도 대부분이 원로원 출신이었다. 따라서 제국을 통치하기 위해서는 원로원 의원의 협력이 꼭 필요했다.

군대의 지지도 없어서는 안 됐다. 네르바 황제 시대의 군대에는 죽은 선황제 도미티아누스를 그리워하는 사람이 남아 있었기 때문에 새 황제에게는 황제의 권위를 인정받고 군대를 장악할 수 있는 힘이 요구되었다.

그래서 트라야누스는 네르바 황제가 세상을 떠난 뒤에 즉시 수도 로마로 향하지 않고 라인강과 도나우강 주변의 군대를 방문해 회유했으며, 즉위 1년 반이 지나서야 비로소 로마에 입성했다. 민중으로부터 환영을 받은 트라야누스는 말에서 내려 걸으면서 친한 사람들과 포옹을 나눴다. 그 겸허한 모습에 민중은 호감을 느꼈다.

트라야누스는 원로원으로부터도 따뜻한 환대를 받았으며, 그들의 승인 아래 황제 즉위를 선언했다. 그리고 원로원 의원 중에서 이탈리아반도 출신자와 소아시아 출신자를 함께 집정관으로 임명하는 등, 로마의 전통적인 세력을 존중하면서 제국 통치에 새로운 힘이 될 인물도 등용하며 시대 분위기를 반영한 인사를 실시했다.

또한 트라야누스 황제는 속주 총독으로 있는 원로원 의원들과도 긴밀하게 편지를 주고받는 등 지역에 대한 배려도 잊지 않았다. 네르바 황제가 걱정했던 원로원과의 관계는 양호한 상태로 시작되었고, 트라야누스 황제는 조기에 안정된 정권을 확립할 수 있었다.

최고의 원수로 칭송받다

공고해진 정권 기반에 자신감이 생긴 트라야누스 황제는 즉위 3년 후 수도 로마를 비운다. 그가 향한 곳은 도나우강 하류 북쪽 연안에 위치한 다키아로, 현재의 루마니아에 해당하는 지역이다. 도미티아누스 황제 시절 전쟁 끝에 다키아인들과 강화를 맺기는 했지만, 도나우 변경의 다키아는 로마를 위협하는 나라가 되고 있었다. 그래서 다키아를 정벌할 필요가 있다고 생각한 것이다.

원래 군인이었던 트라야누스 황제는 전쟁에서 그 실력을 유감없이 발휘해, 두 차례에 걸친 다키아와의 전쟁에서 승리한 뒤 도나우 강에 거대한 다리를 가설하고 다키아를 로마의 속주로 만들었다. 이 무렵부터 다키아인은 로마인과 피가 섞여 '로마니아인'으로 불리게 되었는데, 이것이 현재의 국명인 루마니아의 유래가 되었다. 루마니아는 '로마니아인의 나라'라는 의미다. 다키아 전쟁의 양상은 수도 로마에 현재도 남아 있는 트라야누스 황제 기념 원기둥에 나선형의 부조로 묘사되어 있다.

다키아를 정복한 트라야누스 황제는 동쪽으로 더 진군해 아르메니아 왕국을 병합했으며, 그 후 메소포타미아에 진출해 이란계 국가 파르티아의 수도를 함락했다. 제국의 영토는 이 무렵에 최대가 되었다. 트라야누스 황제가 이렇게 영토를 넓힐 수 있었던 이유로는 군인으로서 능력이 뛰어났고 병사들의 신뢰가 두터웠다는 점을 들 수 있다. 네르바 황제가 차기 황제의 조건으로 생각했던 '원로원과 군대의 호감'을 이용해서 대사업을 이룩해 낸 것이다.

다만 트라야누스 황제가 '최고의 원수'라고 불리게 된 이유는 영토를 최대로 넓혀서가 아니다. 그가 '최고'인 이유는 친정으로 획득한 전리품을 국가의 재정에 사용하고 공공사업 등으로 민중에게 이익을 가져다줬기 때문이다. 트라야누스 황제는 건축가인 아폴로도로스를 중용해 저렴한 공공 목욕탕, 도서관 등을 갖춘 거대한 광장과 상업 센터 등을 수도에 건설했다. 또한 로마의 외항(外港)으로서 육각형의 항구를 건설하고 속주에는 퇴역 군인이 사는 도시를 만드는 등 제국 각지를 정비했다.

아울러 트라야누스 황제는 네르바 황제가 창설한 복지 제도인 '알리멘타'를 계승해 발전시켰다. 이는 토지 소유자에게 자금을 빌려주고 그 이자를 가난한 아이들의 양육 기금으로 삼는 제도로, 그 후 200년이나 존속했다.

그 밖에도 가난한 사람들에게 생활필수품을 지급하는 등 수많은 시책을 펼쳤으며, 이러한 공로로 최고의 원수라는 찬사를 받은 것이다.

번영의 끝이 가져다준 것

서기 117년, 원정을 떠났던 트라야누스 황제는 속주에서 64세의 나이로 세상을 떠났다. 네르바 황제와 마찬가지로 자식이 없었던 그는 죽기 전에 조카인 하드리아누스를 후계자로 지명했다. 그런데 이 지명에 하드리아누스를 사랑했던 트라야누스 황제의 아내가 관

트라야누스 황제

여한 것이 아니냐는 의혹이 생겨났고, 이 소문은 반세기가 지나도 사라지지 않았다고 한다.

오현제 중 세 번째 황제인 하드리아누스는 트라야누스 황제가 확장한 영토를 지키기 위해 제국 각지를 시찰하고 국경의 방비에 힘을 썼다. 네 번째 황제인 안토니누스 피우스는 전쟁이나 큰 사건을 일으키지 않고 훌륭한 외교 수완으로 문제를 처리했기 때문에 후세의 역사가들이 '역사가 없다'라고 평할 만큼 평온한 시대를 구축했다.

그런데 다섯 번째 황제인 마르쿠스 아우렐리우스의 시대가 되자

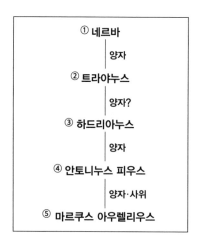

| 오현제의 관계

트라야누스 황제의 확장 정책의 부작용이 나타난다. 국경선이 길어진 만큼 방비가 충분치 않은 지역이 생길 수밖에 없었고, 영토를 유지하기 위한 방어 전쟁이 재정을 압박했다. 여기에 변경에서 역병을 얻은 병사들이 귀환하는 바람에 도시에서 수많은 시민이 목숨을 잃었다. 마르쿠스 아우렐리우스 황제는 피폐해진 제국을 아들에게 맡겼지만, 아들은 아버지의 기대에 부응하지 못하는 어리석은 황제였다. 이렇게 해서 오현제 시대는 막을 내리고 만다.

트라야누스 황제가 만들어 낸 최대의 영토는 훗날 로마 제국의 쇠퇴를 가져오는 계기로 작용하기는 했지만, 당시의 제국에 공공사업 등 수많은 이익을 가져다줬다. 그래서 절정기의 제국을 통치한 트라야누스 황제는 현대의 로마 시민들에게 위대한 황제로 칭송받고 있다.

트라야누스 황제

08 ∘ 콘스탄티누스 대제

생몰년: 272년~337년
재위: 306년~337년
국가: 로마 제국

달러($)를 위해 싸우는 사나이,
솔저(Soldier)

세계적으로 사용되는 미국의 통화 달러 기호는 'D'가 아니라 'S'다. 이 화폐 기호의 수수께끼는 후기 로마의 황제 콘스탄티누스가 실시한 어떤 개혁과 관련이 있다.

오현제 시대가 끝난 뒤, 로마 제국은 동서로 분열되는 등 혼란에 빠진다. 이 혼란을 수습한 콘스탄티누스 황제는 국내의 변화를 감지하고 여러 가지 개혁을 단행함으로써 대제(大帝)로 숭상받게 된다.

그의 결단은 제국의 미래와 현대로 이어지는 훗날의 세계에 무엇을 가져다줬을까?

제국 분열의 시대

현재 신자의 수가 가장 많은 종교는 크리스트교다. 크리스트교가 이렇게 확대된 계기 중 하나는 로마 제국 후기의 황제 콘스탄티누스로 거슬러 올라간다.

오현제 이후 많은 황제가 친위대에게 암살당해서, 3세기에는 약 50년 동안 70명이나 되는 황제가 옹립되는 혼돈의 시대가 찾아온다. 그 대부분은 병사들의 지지를 받은 군인이었기 때문에 '군인 황제'라고 불리는데, 정식으로 원로원의 인정을 받은 황제는 소수에 불과했다. '원로원이 주도하는 로마'라는 의식에서 황제가 취임할 때는 원로원의 승인이 필요한데, 이 무렵에는 원로원의 힘이 거의 없었으며 권력을 장악하기 위해서는 군사력이 요구되었다. 군사력을 중시한 이유는 제국 변방을 침입하는 외적 등에 대처하기 위해서였지만, 전란은 끊이지 않았고 제국은 분열의 위기에 놓인다.

그런 상황에서 군이 옹립한 디오클레티아누스 황제는 분열의 경향이 분명해진 제국을 혼자서 통치하지 않고 동서로 분할한 다음 각각 정제(正帝)와 부제(副帝)를 뒀다. 제국을 4명이 공통 통치하는 이 체제는 '테트라키아(사두정치)'라고 불린다. 이 새로운 체제는 성공을 거둬, 분열 위기를 회피하면서 외적의 침입도 억제할 수 있었다. 그런데 디오클레티아누스 황제가 퇴위하자 다시 혼란이 시작되었고, 황위를 둘러싼 싸움이 일어났다.

콘스탄티누스 대제

콘스탄티누스는 발칸반도에서 태어났는데, 아버지는 서쪽의 정제였다. 디오클레티아누스 황제와 아버지가 죽자 제위 싸움에 뛰어들어 승리한 그는 서쪽의 황제가 되었고, 동맹을 맺은 리키니우스는 동쪽의 황제가 되었다. 이로써 사두정치는 막을 내린다.

혼란한 시대와 박해에 굴하지 않은 크리스트교

당시, 자신들이 믿는 신 이외에는 가짜라고 주장하는 크리스트교도가 박해 속에서도 계속 증가하고 있었다. 특히 황제 숭배를 강요했던 디오클레티아누스 황제는 크리스트교도들을 더욱 가혹하게 탄압했다.

크리스트교의 발상지는 아우구스투스의 뒤를 이은 티베리우스 황제 시대에 제국의 지배 아래 있었던 팔레스티나다. 이 땅에 사는 사람들은 유대교를 믿고 있었는데, 율법주의와 선민사상을 걱정한 나사렛의 예수가 일어선다. 예수는 제국의 반역자로서 처형당하지만, 그의 부활에 대한 신앙에서 크리스트교가 탄생했다.

크리스트교의 기원은 유대교라고 할 수 있지만, 크리스트교는 유대교의 선민사상을 계승하지 않았다. 예수의 제자들이 이방인에게 적극적으로 포교함으로써 로마 제국 내에 크리스트교가 확산되었고, 235년부터 285년에 걸친 군인 황제 시대에는 신자의 수가 폭발

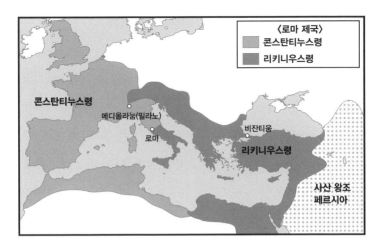

| **동서로 분열된 로마 제국** 로마를 떠난 디오클레티아누스 황제가 동부의 니코메디아로 가면서 사두정치가 시작되었다. 그 후 분쟁을 거쳐 동서의 황제령으로 통합된다.

적으로 증가했다.

원래 로마 제국은 각지의 토착 종교를 수용해 왔는데, 크리스트교의 경우 팍스 로마나 이후의 쇠퇴에 허무함을 느끼고 내면의 풍요를 추구하던 사람들의 마음을 흔들어 거대 세력으로 성장할 수 있었다는 시각도 있다.

종교의 자유를 세상에 공표하다

콘스탄티누스가 서쪽의 황제가 되었을 무렵, 크리스트교도의 수가 50만 명에 이르렀기 때문에 이를 금지하면 제국의 통합이 위태로운 상황이었다. 그래서 콘스탄티누스 황제는 313년에 크리스트교도의 지지를 얻고자 크리스트교를 공인하는 '밀라노 칙령'을 리키니우스 황제와 함께 발포한다. 정확히는 온갖 종교의 자유를 인정하는 것이었지만, 사실상 크리스트교의 공인을 의미했다. 이것은 훗날 크리스트교가 세계적인 종교가 되는 결정적인 계기였다고 중시하는 연구자도 있을 정도로 역사적인 대사건이었다.

교리 통일을 위해 크리스트교회의 첫 공회의도 개최되었다. 당시의 교리는 예수를 신이자 인간이기도 하다고 보는 아타나시우스파와 신과 예수를 분리해서 생각하는 아리우스파가 대립하고 있었는데, 아리우스파가 동방 사람들의 지지를 받기 시작하자 제국 분열의 위기를 느낀 콘스탄티누스 황제는 325년에 소아시아에서 회의를 열어서 아타나시우스파를 정통, 아리우스파를 이단으로 결정했다(니케아 공회의). 아타나시우스파는 훗날 가톨릭으로 발전하고, 제국에서 추방당한 아리우스파는 제국 영역 밖의 북쪽에 사는 게르만인을 상대로 전도를 펼쳤다. 이처럼 콘스탄티누스 황제는 크리스트교의 발전과 보급에 큰 영향을 끼친 존재라고 할 수 있다.

너무 재밌어서 잠 못 드는
황제의 세계사

700년 동안 신뢰받은 솔리두스 금화

디오클레티아누스 황제는 초대 황제 때부터 계속된 원수정을 황제가 관리를 이용해 전제 지배하는 전제 군주정(도미나투스)으로 이행시켰다. 콘스탄티누스 황제는 그 개혁 노선을 계승하고 군의 재편성과 하층민의 신분·직업 세습화에 따른 재정 기반의 정비 등을 실행함으로써 제국의 지배권을 확립했다.

각종 개혁 중에서도 화폐 개혁은 오늘날에도 영향을 끼치고 있다. 군인 황제 시대에는 황제가 증가한 병사의 급여를 지급하기 위해 은화에서 은의 함유량을 계속 줄인 결과 통화 가치가 하락하고 물가가 급등했다. 이에 콘스탄티누스 황제는 로마의 중량 단위 1파운드를 기준으로 금화 72닢을 주조하고 확고한 통화 제도를 구축

| 솔리두스 금화

콘스탄티누스 대제

해 경제 혼란을 수습했다. 이 금화를 솔리두스라고 부르며, '솔리두스를 위해서 싸우는 사람'이라는 의미에서 '솔저(병사)'의 어원이 되었다.

순도가 높고 질도 안정적인 솔리두스는 국제 교역에서 신뢰도가 높았기 때문에 11세기 후반까지 무려 약 700년 동안 유통되었다. 현대의 미국 달러가 화폐 기호로 '$'를 사용한 이유는 이렇게 오랫동안 사용된 솔리두스처럼 되자는 바람을 담았기 때문이라는 이야기가 있다.

동쪽에 '제2의 로마'가

동서의 신황제는 동맹 관계였지만, 크리스트교를 옹호하는 콘스탄티누스 황제와 크리스트교를 불신하는 리키니우스 황제는 이윽고 대립하기 시작했다. 그리고 마침내 현재의 터키 이스탄불에 해당하는 도시 비잔티움 근방에서 맞붙었다. 이 전투에서 승리한 콘스탄티누스 황제는 단독 황제가 되었고, 그 땅에 건설한 수도를 '콘스탄티노플'이라고 명명했다. 이 새로운 수도는 옛 종교의 신전은 지어지지 않았지만 황궁과 공중목욕탕 등 옛 수도 로마를 방불케하는 거리가 조성되어 '제2의 로마'로 불렸다. 천도 직후에는 정치 기능의 측면에서 옛 수도인 로마에 미치지 못했지만, 콘스탄티누스 황제의 아들 시대에 원로원 등이 정비되면서 제국의 중심이 동쪽으로 이동하게 된다.

옛 수도 로마가 제국의 중심으로서의 힘을 잃은 것은 제국 멸망의 시작이었다. 콘스탄티누스 황제가 죽자 권력 싸움 등으로 제국은 다시 불안정해졌는데, 379년에 즉위한 테오도시우스 황제가 다시 제국을 통일한다. 그러나 게르만인의 침입 등으로 제국의 분열이 불가피해지자 테오도시우스 황제는 동서로 분열된 제국을 두 아들에게 나눠줬다. 로마를 수도로 삼은 서로마 제국은 이민족의 침입 등으로 혼란을 겪다 476년에 멸망했지만, 콘스탄티노플을 수도로 삼은 동로마 제국은 도시 경제가 비교적 건전했던 까닭에 15세기에 오스만 제국이 침공하기 전까지 그 명맥을 유지할 수 있었다.

콘스탄티누스 황제의 치세는 대전환의 연속이었다. 그 대사업은 제국의 중심지와 이념을 바꿨고, 세계적인 종교와 통화, 대도시 등 현대 세계를 구성하는 수많은 요소의 초석이 되었다.

생몰년: 483년~565년
재위: 527년~565년
국가: 동로마 제국(비잔티움 제국)

옛 로마 제국의 영광을 바란
불면의 일벌레

일본과 중국 등의 법률 중에 고대 로마 시대의 법률을 바탕으로 한 것이 있다는 사실을 아는가? 이것은 고대 로마 문화를 후세에 남긴 동로마 제국(비잔티움 제국)의 황제 유스티니아누스의 공적이다.

동로마 제국의 유스티니아누스 1세는 과거의 로마 제국을 되찾고자 온갖 정책에 착수하고 지중해역의 영토를 회복한 데서 '대제'로 불린다. 재임 중의 성공이 후세의 제국에 문제를 남겼다고는 하지만, 이 황제의 사업은 장기적인 안목으로 봤을 때 현대 세계에 헤아릴 수 없을 만큼 큰 영향을 끼쳤다.

서쪽은 멸망하고 동쪽은 남다

우리 현대인의 대부분은 로마 제국이 동서로 분열한 시점에 붕괴했다고 생각하는 경향이 있는데, 당시 사람들의 의식은 달랐던 듯하다. 혼란에서 살아남은 동로마 제국 사람들은 계속 자신들의 나라를 '로마 제국'이라고 불렀으며, 유스티니아누스 1세는 로마 제국의 영광을 되살리고자 다양한 부흥 사업에 착수했다.

유스티니아누스 1세 시대에 이르기까지 지중해 주변의 정세는 어지럽게 변화했다. 제정 로마 제국의 초기였던 기원전후 무렵, 발트해 연안에 거주하던 게르만인은 수십 개의 부족으로 분열되고 인구 증가로 경작지가 부족해짐에 따라 로마 제국 국경 부근까지 남하했다. 제정 후기에는 아시아에서 서진한 유목민의 압박 등으로 정착지를 찾아 유럽을 이동한다. '게르만족의 대이동'으로 불리는 이 현상은 약 200년 동안 계속되었고, 이동과 건국이 이어지는 가운데 서로마 제국이 게르만인의 손에 멸망한다.

5세기에는 이탈리아반도에 동고트 왕국, 현재의 스페인과 포르투갈에 해당하는 이베리아반도에 서고트 왕국, 아프리카 북부에 반달 왕국이 건국되었고, 지중해 서부의 옛 로마 제국령은 게르만인의 지배를 받았다. 이 무렵 동로마 제국의 영토는 현재의 그리스, 터키, 시리아, 이집트 등의 지중해 동부였다. 그리고 서쪽에서는 게르만 민족, 동쪽에서는 현재의 이란에 건국된 사산 왕조 페르시아

유스티니아누스 대제

의 위협에 시달렸다. 이처럼 왕년의 기세를 잃어 가던 제국에 유스티니아누스 황제가 즉위한다.

동로마 제국은 수도 콘스탄티노플의 옛 이름인 비잔티움을 어원으로 한 '비잔티움 제국'이라고도 불린다. 원래 비잔티움은 이 도시를 건설한 왕의 이름인 뷔자스에서 유래한 고대 그리스인의 식민지이며, 제국은 그 이름을 계승했다.

제국의 부흥을 내걸고 영토를 회복하다

오늘날의 발칸반도의 한 농가에서 태어난 유스티니아누스에게는 수도에서 활약하는 숙부 유스티누스가 있었다. 유스티누스는 조카와 마찬가지로 농가에서 태어났지만 수도에서 경력을 쌓은 끝에 원로원으로부터 황제로 선출되었다. 숙부의 양자가 되어서 수도로 온 유스티니아누스는 학문을 익히며 승진했고, 숙부가 죽자 황제의 자리에 올라 숙부의 뒤를 이어 사산 왕조 페르시아와 전쟁을 계속했다.

위대한 로마 제국을 부흥시킨다는 야망이 있었던 유스티니아누스 1세는 영토를 되찾고자 전쟁을 시작했지만, 전쟁 비용의 부담에 민중의 불만은 커졌다. 그리고 수도에서 니카의 난이라고 부르는 폭동이 일어난다. 이 반란을 진압하고 절대적인 권력을 손에 넣은 유스티니아누스 1세는 이민족으로부터 영토를 되찾기 위한 대정복 전쟁을 시작했다. 서쪽으로 군대를 보내 반달 왕국으로부터 북아프리카를, 서고트 왕국으로부터 이탈리아반도를, 동고트 왕국으로부터 이베리아반도의 일부를 차례차례 탈환했다.

이렇게 해서 광대한 영토를 되찾았지만 이 군사적 성공은 오래가지 못하고 유스티니아누스 1세가 죽은 뒤 다시 정복당하고 만다. 전쟁 비용은 계속 지출되었지만 이익은 없었고, 서쪽에 지나치게 힘을 쏟는 바람에 국경의 수비도 약해졌다. 이것은 훗날 북쪽에서 게르만인 등 이민족의 침공을 받는 결과로 이어진다.

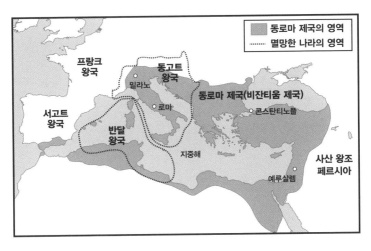

유스티니아누스 1세 시대의 제국 영토　　동로마의 황제로서 로마 제국의 옛 영토를 일단 되찾기는 했지만, 서쪽의 영토를 유지할 수 있을 정도의 힘은 남아 있지 않았다.

　　　　유스티니아누스 대제

고대 로마법을 정리하다

유스티니아누스 1세는 로마의 문화를 후세에 전하여 오늘날까지 이어지는 공적도 남겼다. 고대 로마법을 집대성한 『로마법대전』을 편찬한 것이다.

로마법이란 로마 공화정 이래 로마인이 만들어 온 법률의 총칭이다. 처음에 로마법은 로마 시민에게만 적용되는 시민법이었지만, 로마가 여러 민족을 지배 아래 둠에 따라 만인에게 수용되는 만민법으로 발전했다. 유스티니아누스 1세 시대에 동로마 제국에서는 잡다하고 모호한 로마법이 답습되고 있었으며 악용되기도 했다. 그래서 유스티니아누스 1세는 법학자인 트리보니아누스에게 명령해 오래전부터 계승되어 온 법을 편집케 했다.

이 법규집은 오현제 시대의 세 번째 황제인 하드리아누스 황제 시대부터 이어진 여러 법을 모은 「칙법휘찬」, 법학자의 견해를 요약한 「학설휘찬」, 법률 안내서인 「법학제요」 3부로 구성되어 있으며, 완성 후에는 유스티니아누스 1세가 공포한 법률을 정리한 「신칙령집(신칙법)」도 추가되었다. 이것을 합쳐서 『로마법대전』이라고 부르는데, 이 명칭은 16세기에 생긴 것이다. 참고로 법 해석을 정리한 「학설휘찬」은 라틴어로 디게스타(Digesta)라고 하는데, 문장 등을 요약한다는 의미의 영어 단어 다이제스트(Digest)의 어원이다.

사실 『로마법대전』은 실용적이지 못한 까닭에 1세기 후의 오리엔트에서는 잊힌 상태였다. 그러나 11세기에 이탈리아 북부의 볼로냐에서 재발견되었고, 이를 계기로 이탈리아에서 가장 오래된 대학인 볼로냐 대학이 창설되었다. 볼로냐 대학에서 서유럽 전역으로 확산된 로마법은 헌법과 민법 등으로 분류되어 근대의 『프랑스민법전』이나 『독일민법전』으로 발전했으며, 유럽의 법제도를 참고한 일본과 중국 등에도 영향을 끼쳤다.

로마법에서 유래한 현대의 법률 중 하나로 반품 제도가 있다. 구입한 상품이 불량품일 경우 보증 기한 안에서라면 판매한 곳에 반품할 수 있는 이 제도는 노예나 가축을 매매하는 로마의 시장에서 사용되었던 것이다. 처음에는 노예나 가축만이 대상이었던 이 원칙을 유스티니아누스 1세가 온갖 매매에 적용할 수 있도록 개정했다.

절대로 잠을 자지 않는 황제의 유산

『로마법대전』을 편찬하기 전부터 유스티니아누스 1세는 개인적인 사정으로 법률에 손을 댄 적이 있다. 수도로 초청을 받았을 때 무희인 테오도라와 만났는데, 결혼하고 싶었지만 결혼을 할 수가 없었다. 당시의 법률상으로는 원로원 신분인 사람과 무희가 결혼할 수 없었던 것이다. 그래서 유스티니아누스 1세는 이 법률을 철폐해

테오도라를 아내로 맞이했다. 그리고 황후가 된 테오도라는 니카의 난이 일어났을 때 도주를 꾀하는 유스티니아누스 1세에게 "도망칠 바에는 황제의 옷을 입은 채 죽는 편이 더 낫습니다"라고 일갈하는 등 황제를 강력하게 뒷받침했다.

유스티니아누스 1세는 '절대로 잠을 자지 않는 황제'라고 불릴 만큼 일벌레이기도 했다. 밤낮을 가리지 않고 황제의 업무를 처리했으며, 수도 콘스탄티노플을 비롯한 각지의 도시에 공공시설을 확충했다. 치세 중의 콘스탄티노플은 크게 번영해 60만 명이 살았다고 한다. 콘스탄티누스의 아들이 건립했으나 니카의 난 때 소실되었던 하기아 소피아 성당도 수년 만에 재건되어 로마와 크리스트교 등의 요소가 공존하는 대성당으로 탈바꿈했다.

유스티니아누스 1세가 세상을 떠난 뒤 제국은 장기간의 전쟁 등으로 재정의 압박을 받았고, 사산 왕조 페르시아와의 전쟁이 다시 시작되었으며, 국경 지대에는 이민족이 침입했다. 이탈리아반도의 영토를 게르만인에게 다시 빼앗겨 영토가 축소되었으며, 결국 1453년 오스만 제국에 멸망당한다.

유스티니아누스 1세가 실시한 모든 시책이 당시의 사람들에게 이익을 가져다줬던 것은 아니다. 그러나 정비에 힘을 쏟았던 콘스탄티노플은 오스만 제국의 지배를 거쳐 현재 터키 최대의 도시인 이스탄불로서 번영하고 있다. 또한 유스티니아누스 1세가 열정을 쏟아 부은 『로마법대전』은 지금도 전 세계 법률의 초석이 되고 있다. 이와 같은 문화적인 공적이 이 황제의 명성을 오늘날까지 드높이고 있는 것이다.

생몰년: 598년~649년
재위: 626년~649년
국가: 당

형제의 난,
권력에는 피도 눈물도 없다

수에 이어 중국의 통일 왕조가 된 당. 수가 불과 37년 만에 붕괴된 데 비해 당은 289년이라는 오랜 기간에 걸쳐 번영을 지속했는데, 그 초석을 쌓은 사람이 제2대 황제인 태종이다.

젊었을 때는 군략가로서 아버지를 도왔고, 황제가 된 뒤에는 내정과 외정 양면에서 뛰어난 수완을 발휘했다. 그러나 자신도 오점이라고 인정하는 골육상쟁으로 황제의 자리에 올랐기에, 이후 태종은 자신에 대한 부정적인 이미지를 털어 내고자 민중을 위한 정치에 매진한다.

비상한 추진력으로 자신이 원하는 그림을 그리다

중국 대륙에서는 진의 시황제부터 시작해 청(淸)이 멸망하기까지 다수의 왕조가 발흥해 수많은 황제가 대륙을 다스렸는데, 당의 태종(이세민)은 그 많은 황제 중에서도 중국 역사상 굴지의 명군으로 첫손에 꼽히는 인물이다. 이세민은 수의 문제(양견) 치세인 598년에 태원이라는 중요 도시의 유수(留守)였던 이연(훗날의 초대 황제 고조)의 둘째 아들로 태어났다.

기원전 220년에 후한이 멸망한 뒤, 삼국 시대와 진(晉) 시대, 남북조 시대를 거쳐 수가 중국 대륙을 통일한다. 남북조 시대에는 수많은 왕조가 난립했는데, 이연의 할아버지인 이호는 그중 한 나라인 서위(西魏)의 대장군이었다. 그는 무천진(현재의 내몽골) 출신으로 전해진다. 문제의 아버지인 양충도 원래는 무천진을 수비하는 명문 군벌 출신으로, 이 씨와 수 왕실은 모두 선비·북방 민족 계통 혹은 그들과 가까운 한족으로 생각되고 있다. 아울러 이연의 어머니와 문제의 아내는 자매였다. 요컨대 이연은 수의 제2대 황제 양제의 이종사촌에 해당한다. 이러한 출신과 혈연에서 황제의 대리인으로서 태원을 수비하는 요직을 맡게 된 것이다.

양제가 압정을 펼쳤던 수 말기에는 각지에서 반란이 자주 일어났다. 이연은 반란을 진압하는 처지에 있었지만, 617년에 직접 반란을 일으킨다. 이때 좀처럼 결단을 내리지 못하는 이연을 재촉한 인물이 이세민이었다. 이와 관련해 다음과 같은 일화가 전해진다. 태원의 별궁에는 양제의 내방에 대비해 아름다운 궁녀들이 살고 있었는데, 이세민은 별궁의 관리와 짜고 이연에게 술을 먹이면서 궁녀들이 곁에서 시중을 들게 했다. 이것은 황제의 신하가 해서는 안 될 행위였기에 돌이킬 수 없게 된 이연은 결국 반란을 결심했다고 한다. 다만 이 일화는 태종이 편집시킨 『고조실록』에 나오는 이야기이기 때문에 아버지의 우유부단함과 자신의 과단성을 실제 이상으로 과장한 것이라는 견해도 있다.

형제를 죽여서 손에 넣은 차기 황제의 자리

반란군을 이끌고 수의 수도인 장안으로 진군해 양제의 손자인 공제의 신병을 확보한 이연은 반강제로 황위를 공제에게 양위시키고(당시의 양제는 양주로 도망친 상태였다) 자신은 황제를 보좌하는 당왕(唐王)의 자리에 올랐다. 그리고 618년에 양제가 가신에게 살해당하자 공제로부터 정권을 넘겨받는다. 당 왕조는 이렇게 해서 시작되었다.

당이 패권을 확립하는 과정에서 이세민이 맡은 역할은 군대의 지휘였으며, 그의 전술은 주로 다음과 같았다고 전해진다. 먼저 침공할 지점 근처에 요새를 만들고 그곳에 틀어박혀 요새를 포위한 적군이 힘을 소모하기를 기다린다. 그리고 적의 기력이 쇠했다고 판단하면 요새 밖으로 나와 일제히 공격을 가한다. 이와 같이 지구전과 돌격을 적절히 사용함으로써 할거하던 대항 세력들을 물리쳐 나간 것이다.

눈부신 활약으로 아버지를 도운 이세민의 명성은 하루가 다르게 높아져 갔다. 그러나 이것이 달갑지 않았던 인물이 있다. 이세민의 형인 이건성이다. 황태자의 자리를 빼앗길까 걱정한 이건성은 동생인 이원길과 공모해 이세민의 암살을 계획했지만, 암살 기도를 알아낸 이세민은 626년에 장안의 궁전으로 입궐하는 두 사람을 살해했다(현무문의 변). 이 사건으로 고조도 더는 이세민의 행동에 참견할

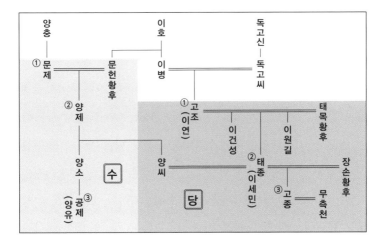

| 수와 당의 관계도

당태종

수 없게 되었고, 결국 2개월 후 퇴위한다. 당 왕조의 제2대 황제 태종은 이렇게 탄생한 것이다.

여담이지만 『고조실록』과 『태종실록』에는 이건성과 이원길의 악행이 기록되어 있는데, 태종의 행위를 정당화하기 위해 과장되었다는 견해도 있다. 고조의 퇴위 역시 이세민이 유폐한 뒤 황위를 찬탈했다는 설이 있다.

현무문의 변을 딛고 정관의 치를 열다

역사를 살펴보면 육친을 살해하고 황위에 오르는 것이 그렇게 드문 일은 아니다. 다만 그런 식으로 황위에 오른 인물이 명군이라는 평가를 받는 일은 별로 없다. 태종은 형을 살해하고 황위를 빼앗은 것을 평생 마음에 뒀다고 한다.

중국에서는 설령 위정자라 해도 자신의 업적이 기록된 역사서를 고쳐 쓸 수 없기 때문에(그래서 자신 이외의 인물에 대해 악의적으로 쓰게 하는 일은 있는 듯하지만) 태종은 형제 살해라는 오점을 털어 내려는 듯이 선정에 힘썼다. 전 왕조인 수의 제도는 대체로 당에서도 그대로 계승되었는데, 관료급 공무원 시험에 해당하는 과거의 경우 제도의 일부를 개선해 실행했다. 관리 등용에서 귀족이 유리한 것은 변함이 없지만, 신분에 상관없이 관리가 될 수 있도록 길을 열어 준 것이다.

또한 태종은 유능한 인재를 적극적으로 등용하고 행정의 주체가 되는 삼성육부(三省六部)를 정비해 법령 국가의 확립과 중앙 집권 체제의 강화에 힘썼다. 아울러 민중에게 부담이 되는 부역과 형벌을 가볍게 했으며, 균전제와 조용조 제도를 도입해 세금 체계를 쇄신했다.

이와 같은 내정 수완도 그렇지만, 태종을 이야기할 때 빼놓을 수 없는 것은 명군이라는 평가의 바탕이 된 정치 자세다. 태종은 무엇인가를 결정할 때 결코 독선적으로 하지 않고 신하의 목소리에 귀를 기울였다.

이와 관련해 다음과 같은 일화가 남아 있다. 제2대 황제가 된 지 얼마 안 되었을 무렵, 태종은 측근인 방현령과 위징에게 물었다. "창업과 수성 중 어느 쪽이 더 어렵다고 생각하는가?" 새로운 나라를 만드는 것과 나라를 오랫동안 지속시키는 것 중 어느 쪽이 더 어려운 일이냐는 질문이었다. 오래전부터 태종을 섬겼던 방현령은 이 질문에 창업이라고 대답했고, 비교적 새로운 측근인 위징은 수성이라고 대답했다. 태종은 잠시 생각에 잠긴 뒤 "현령은 건국 과정에서 짐과 고난을 함께했기에 창업이라고 대답했군. 지당한 의견이네. 한편 징은 짐의 마음이 느슨해질까 걱정해 수성이라고 대답한 것 같군. 앞으로는 자네들의 의견에 귀를 기울이면서 수성의 길을 걷도록 하겠네"라고 대답했다고 한다. 위징은 원래 이건성의 부하였는데, 태종은 그의 올곧은 성품이 마음에 들어 측근으로 삼았다.

그는 솔선해서 태종에게 간언하는 역할을 맡았다고 하며, 당 왕조에는 황제에게 기탄없이 의견을 말하는 간관(諫官)이라는 관직이 있었다.

민중을 우선하는 정치로 사회에 안정과 번영을 가져온 태종의 치세는 당시의 연호를 따서 '정관의 치(貞觀之治)'라고 불린다. 또한 앞의 일화를 비롯한 태종과 측근들의 문답은 태종의 사후에 『정관정요』라는 책으로 정리되었다.

이민족에게 인정받은 하늘의 군주

태종의 외교 업적으로는 실크로드를 통한 서방 국가와의 교역을 들 수 있다. 당시 당은 북방의 터키계 유목민으로 구성된 동돌궐과 대립하고 있었는데, 630년에 태종은 내분을 틈타 동돌궐을 멸망시키고 부족들을 당의 지배권에 뒀다. 그리고 현재의 신장웨이우얼 자치구나 티베트 자치구 일대에도 군대를 파견해 고창, 언기, 구자 등 실크로드의 요충지인 오아시스 국가를 차례차례 세력에 편입시켰다. 유목민들에게도 황제로 인정받은 태종은 세계 황제를 의미하는 '탱그리 카간(天可汗)'의 칭호를 얻었다. 튀르크어와 몽골어로 탱크리는 '하늘'을, 카간은 '군주'를 의미한다.

당의 서쪽 지배권은 카스피해 부근까지 이르렀고 아라비아, 페르시아, 나아가 로마 제국의 문물까지도 국내로 들어오게 되었다. 세계사에서 동서의 교류가 가장 활발했던 이 시기에 당은 경제적, 문화적으로 크게 성장했다. 8세기의 장안은 인구 100만 명이라는 세계 최대의 도시였던 것으로 생각된다.

당이 주변국에게 끼친 영향

당의 영향은 일본에도 미쳤다. 일본의 조정은 630년부터 10여 차례에 걸쳐 견당사를 파견했고, 그들이 가지고 돌아온 견지를 바탕으로 다이호 율령과 공지공민제 등 국가의 골격을 형성하는 제도들을 구축했다. 또한 헤이조쿄(平城京)와 헤이안쿄(平安京)는 당의 수도인 장안을 모델로 삼아서 만든 도시다. 그 밖에도 불교 경전이나 악기, 약, 역학(曆學) 등 견당사는 다양한 문물과 기술을 일본으로 가져왔다.

서방 지배에 성공한 태종도 동방 원정에서는 별다른 성과를 올리지 못했다. 당시 한반도는 고구려, 백제, 신라가 정립한 삼국 시대였는데, 백제와 손을 잡은 고구려가 신라를 압박하고 있었다. 644년에 신라의 원조 요청을 받은 태종은 중신들의 반대를 물리치고 고구려에 출병하기로 결정한다. 나중에는 전장에 가서 직접 지휘를 했지만, 고구려군의 수비에 막혀 결국 철군할 수밖에 없었다. 이 고

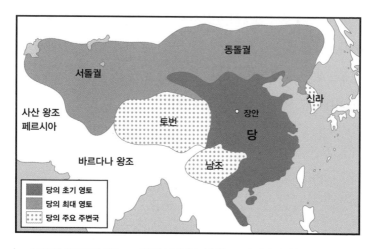

구려 원정은 태종의 많지 않은 실패 중 하나라고 할 수 있다.

한편 실크로드를 통해 타국으로 건너간 당대 초기의 인물 중에 『서유기』에 등장하는 삼장법사의 모델이 된 현장이 있다. 불교 연구를 위해 마가다국(현재의 인도 동부)으로 건너간 현장은 현지에서 범어(산스크리트어)를 배우고 657부나 되는 경전을 당으로 가져왔다. 당이전의 왕조에서는 불과, 도교, 유교 중 하나를 편애했으나 태종은 그 모두를 존중했으며 현장과 만났을 때도 그의 활동을 국가적으로 지원해 주겠다고 약속했다. 이후 남은 인생을 천축에서 가져온 경전의 번역에 바친 현장은 불교문화의 발전에 크게 공헌했다.

당의 일시적인 멸망과 여성 황제의 탄생

만년의 태종은 후계자 문제로 골머리를 앓았다. 정실인 장손황후와의 사이에는 이승건, 이태, 이치 세 아들이 있었는데 이승건은 소행에, 이태는 성격에 문제가 있어서 이치가 제3대 황제인 고종이 된다. 그러나 고종은 그 온후한 성격이 화근이 되어 결국 황후인 무조에게 권력을 빼앗기고 만다.

이 무조가 바로 훗날의 무측천(측천무후)이다. 원래는 태종의 측실이었지만 총명했던 까닭에 '무 씨가 이 씨를 대신해 천하를 잡는다'라는 소문이 돌아서 태종의 총애를 받지 못했다. 그러나 그 무렵부터 무조를 눈여겨봤던 이치는 태종의 사후에 주위의 반대를 물리치고 무조를 측실로 삼았는데, 이윽고 정실이 된 무조는 숨기고 있었던 야심을 드러낸다. 고종이 죽은 뒤 황위를 이어받은 아들 중종(이현)과 예종(이단)을 잇달아 폐위시키고는 690년에 황제에 즉위해 국호를 주(周)로 고친 것이다. 중국의 역사에서 여성이 황제가 된 것은 이때가 유일하다. 일반적으로 무측천에게는 악녀라는 이미지가 있는데, 주 시대에 국내가 비교적 안정을 유지했기 때문에 현재는 위정자로서의 역량을 평가하는 목소리도 있다. 그러나 무 씨의 천하는 1대로 끝나고, 정권은 다시 이 씨에게 돌아간다.

그 후에는 제6대 황제인 현종(이융기)이 정관의 치를 모델로 삼은 정치를 실시해 '개원의 치(開元之治)'라고 불리는 부흥기를 불러왔다.

그런데 현종은 치세 후반에 황후인 양귀비에게 빠져서 양 씨 일족을 우대했고, 이 때문에 귀족들 사이에서 분쟁이 격화되었다. 이것은 755년에 발발한 안사의 난의 원인 중 하나가 되었으며, 그 결과 '절도사'라고 불리는 지방 군벌이 힘을 갖게 된다. 그리고 중앙 집권 체제의 붕괴를 막지 못한 당은 결국 907년에 멸망하고 만다.

　태종 재위 당시의 원호인 정관은 22년에 걸쳐 계속되었다. 사소한 이변을 계기로 몇 년마다 연호를 바꿨던 당에서 이렇게 긴 기간 동안 같은 연호를 사용한 것은 이례적인 일이다. 후세에 정치가이자 역사가인 사마광이 편찬한 역사서 『자치통감』에는 이 시대의 사회 모습이 "천하가 태평해서 길에 물건을 떨어뜨려도 훔쳐 가는 이가 없었고 외출을 할 때도 문을 잠글 필요가 없었으며 여행 중인 상인은 걱정 없이 노숙을 했다"라고 기록되어 있을 정도다. 역사서에 적힌 인물상을 그대로 받아들일 수는 없지만 태종이 당에 안정과 번영을 가져온 것은 사실이며, 민중은 평화를 누렸다. 그렇기에 국내외의 많은 위정자가 그 치세를 본보기로 삼았던 것이다.

너무 재밌어서 잠 못 드는
황제의 세계사

11 ﹒ 카롤루스 대제

생몰년: 742년~814년
재위: 768년~814년
국가: 프랑크 왕국

알파벳 소문자를 확산시킨
유럽의 아버지

5세기에 서로마 제국이 해체된 이후 소국 난립으로 혼란 상태였던 서유럽은 8세기 후반부터 9세기 초엽에 걸쳐 활약한 프랑크 왕국의 카롤루스 대제의 손에 다시 통일되었다.

'유럽의 아버지'라고 불리는 카롤루스의 진정한 업적은 군사력을 통한 영토의 재편이 아니다. 가톨릭교회를 보호하고 고대 로마 제국의 공통어였던 라틴어로 기록된 크리스트교 문화를 확산시킨 것이다. 이 업적은 후세의 서유럽에 무엇을 남겼을까?

정권의 안정을 위해 교회와 손잡다

476년에 서로마 황제의 자리가 폐지된 이후의 서유럽에서는 형식상 로마 제국의 행정 제도와 각지의 교회 조직이 존속하고 있었지만 서고트 왕국과 부르군트 왕국 등 게르만족의 소국이 난립하고 있었다. 481년에는 갈리아 지방(현재의 프랑스) 북부에서 프랑크족인 클로도베쿠스가 메로빙거 왕조를 창시한다. 프랑크족은 갈리아의 전체 주민 중 약 5퍼센트에 불과한 소수파였기 때문에 클로도베쿠스는 원활한 지배를 위해서 크리스트교로 개종하고 교회와 손을 잡았다.

8세기에 접어들자 메로빙거 왕조는 쇠퇴하고 신하인 카롤루스 가문이 프랑크 왕국의 실권을 잡는다. 732년, 카롤루스 가문의 카롤루스 마르텔루스는 서유럽으로 침공한 우마이야 왕조의 이슬람 세력을 갈리아 북서쪽에 있는 투르와 푸와티에 사이에서 격파해 무명(武名)을 떨쳤다. 그리고 카롤루스 마르텔루스의 아들인 피피누스는 751년에 군주인 킬데리쿠스 3세를 퇴위시키고 자신이 즉위해 카롤루스 왕조를 창시한다. 피피누스는 왕위 찬탈을 정당화하기 위해 로마 교황을 중심으로 하는 교회의 지지를 확보했는데, 그 답례로 교황청에 이탈리아반도 북서부를 지배했던 랑고바르드 왕국으로부터 빼앗은 영토를 기부했다. 이것이 훗날 서유럽 각지로 확대되는 교회령의 시작이다.

카롤루스 대제

프랑크족에는 영지를 분할 상속(남자 균일 상속)하는 관습이 있었다. 그래서 768년에 피피누스가 세상을 떠나자 그 아들인 카롤루스와 카를로만 형제가 영토를 둘로 나눠서 물려받았다. 두 형제는 어느덧 대립하기 시작했는데, 771년에 카를로만이 급사하자 동생의 신하들의 동의를 얻은 카롤루스는 단독 왕으로서 안정된 정권을 손에 넣었다.

우연처럼 연출된 대관식

카롤루스 대제의 풀네임은 단순히 '카롤루스'다. 여기에 '대제'라는 존칭을 붙여서 프랑스어로는 '샤를마뉴', 독일어로는 '카를 데어 그로세'라고 부른다. 카롤루스가 속한 카롤루스 왕가의 명칭은 카롤루스 마르텔루스에게서 유래한 것이다.

카롤루스는 치세의 대부분을 서유럽 각지에서 전쟁을 하면서 보내야 했다. 774년에는 랑고바르드 왕국을 정복했고, 778년에는 이슬람교도인 우마이야 왕조에 지배당하던 이베리아반도로 원정을 갔다. 원정의 성과가 충분하지는 못했지만, 우마이야 왕조의 지배 지역을 압박하기 위해 에스파냐 변경백령을 설치했다. 특히 강적이었던 존재는 현재의 독일 북부에 살았던 색슨족이었다. 그들은 구심점이 되는 왕 없이 소수 부족 단위로 저항 운동을 계속했기 때문

너무 재밌어서 잠 못 드는
황제의 세계사

이다.

이윽고 카롤루스는 그레이트브리튼섬(현재의 영국)과 이베리아반도를 제외한 옛 서로마 제국의 대부분을 지배한다. 동로마 제국의 황제 콘스탄티누스 6세는 유력자가 된 카롤루스의 딸 로트루드와의 결혼을 제안하지만, 카롤루스가 딸을 보내는 것을 주저했는지 실현되지는 않았다. 카롤루스의 가족 관계를 보면 아내와 첩이 모두 9명이나 되며, 18세기 영국의 역사가인 에드워드 기번의 『로마 제국 쇠망사』에 따르면 정조가 굳은 사람이었다고는 말하기 어려운 듯하다.

카롤루스는 동로마 제국과 거리를 두는 한편으로 로마 교황을 중심으로 하는 교회와 밀접한 관계를 유지했다. 당시 동로마 제국에서는 콘스탄티노플에 거점을 둔 동방 정교회의 힘이 강력했는데, 교리 해석과 포교 방침의 차이에서 콘스탄티노플과 로마 사이에 골이 생긴 상태였다. 그리고 726년에 동로마 제국의 황제 레오 3세가 발포한 성상 금지령을 계기로 동서 교회의 대립이 심화되었고, 교회는 카롤루스에 호위를 요구한다. 서로마 제국이 해제된 이후 서유럽에는 주교가 없는 지역도 있었는데, 카롤루스는 프랑크 왕국의 전 영토에 주교를 배치했다.

800년의 크리스마스, 로마를 방문한 카롤루스는 교황 레오 3세에게 황제로 대관을 받았다. 전설에 따르면 카롤루스가 교회에서 무릎을 꿇고 기도하고 있는데 그 머리에 로마 교황이 왕관을 씌웠

카롤루스 대제

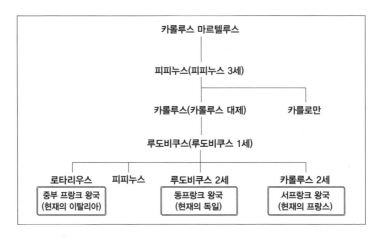

카롤루스 마르텔루스
|
피피누스(피피누스 3세)
|
카롤루스(카롤루스 대제)　　　카를로만
|
루도비쿠스(루도비쿠스 1세)

| 로타리우스 | 피피누스 | 루도비쿠스 2세 | 카롤루스 2세 |
| 중부 프랑크 왕국
(현재의 이탈리아) | | 동프랑크 왕국
(현재의 독일) | 서프랑크 왕국
(현재의 프랑스) |

| 프랑크 왕국의 계보

고 이에 군중이 환호하며 축복했다고 한다. 그러나 사실은 그 전년에 레오 3세가 교황청의 내분으로 잠시 로마에서 쫓겨났을 때 카롤루스의 도움을 받았으며, 이때 두 사람 사이에 황위에 관한 물밑 논의가 있었던 듯하다.

문화 진흥을 위해 서체를 통일시키다

카롤루스의 업적 중에서도 후세에 큰 의의를 지니는 것이 '카롤링거 르네상스'라고 부르는 문화 진흥 정책이다. 785년, 카롤루스는

너무 재밌어서 잠 못 드는
황제의 세계사

신학자인 알퀸에게 궁정 학교를 설립하도록 한다. 카롤루스는 왕도 아헨에 머물지 않고 각지를 돌아다니며 전쟁을 했기 때문에 그가 있는 곳이 그대로 교실이 되었다. 당시는 왕족이라도 읽고 쓸 수 있는 사람이 소수였다. 카롤루스는 이 학교에 귀족뿐만 아니라 서민의 아이도 다니게 했으며 성적이 우수하다면 신분에 상관없이 중용했다. 또한 각지의 성당과 수도원에도 성직자 양성 학교를 창설케 했다.

알퀸은 그레이트브리튼섬 출신이었다. 그 밖에도 이슬람교도의 세력권에서 망명한 사람이나 이탈리아반도 등 다양한 지역에서 인재가 모여들었다. 그들을 연결한 공통된 교양은 성서로, 카롤루스를 다윗으로 부르는 등 각자 성서에 등장하는 인물의 이름을 별명으로 삼았다고 한다.

궁정 학교에서는 역사와 천문학, 나아가 건축학과 전술론 등 다양한 분야를 가르쳤는데, 그 중심에는 라틴어가 있었다. 프랑크 왕국은 프랑크족과 색슨족, 로마인의 후손, 남유럽의 고트족 등을 포괄하는 다민족 국가였다. 이들을 하나로 묶기 위해 라틴어가 공통어로 사용되었던 것이다. 참고로 동로마 제국에서는 라틴어가 아니라 그리스어를 공용어로 사용했기 때문에 점차 서유럽과의 사이에서 문화의 단절이 진행되었다.

카롤루스가 즉위한 뒤, 그전까지 2000점밖에 없었던 그리스·로마 시대 서적의 사본이 새로 8000점이나 만들어진다. 그리고 이 과

정에서 서체와 필기법이 통일된다. 알파벳의 소문자는 카롤루스의
치세에 만들어진 것이다.

실패로 끝난 동서 로마 제국의 재통일 시도

5세기에 서로마 제국 황제의 자리가 공석이 된 이후 자신들이야
말로 로마 제국이라고 생각했던 동로마에 카롤루스의 대관은 유쾌
하지 못한 일이었다. 이 무렵 동로마 제국에서는 황제 콘스탄티누
스 6세의 어머니인 이리니가 황제를 쫓아내고 여제가 되었는데, 교
회는 이를 인정하지 않고 황제 자리를 공석으로 간주했다. 이리니
가 동로마 제국 내에서도 정적이 많은 불안정한 위치였던 까닭에
카롤루스는 동서 로마 제국을 통일하고자 이리니에게 결혼을 제안
했지만, 이리니의 실각으로 없었던 일이 된다.

802년에 새로 동로마 황제에 즉위한 니키포로스 1세가 카롤루스
의 대관을 인정할 수 없다고 선언하자, 프랑크 왕국과 동로마 제국
사이에는 전쟁이 일어난다. 카롤루스는 동로마 제국의 세력권이었
던 아드리아해와 접한 베네치아, 달마티아를 점령하지만 훗달 다시
반환하고 그 대신 황제의 칭호를 인정받았다.

벨기에의 역사가 앙리 피렌느는 그렇게 실현된 카롤루스의 서
유럽 재편을 이슬람 세력이 지중해 연안을 지배함으로써 서유럽이

너무 재밌어서 잠 못 드는
황제의 세계사

동로마 제국으로부터 분리된 결과로 보고 "무함마드 없이는 카롤루스도 없었다"라고 평가했다. 다만 카롤루스는 동로마 제국을 견제하기 위해 이슬람 세력인 아바스 왕조와 외교 관계를 맺고 전쟁에서 얻은 포로를 노예로 수출하는 등 활발하게 무역 활동을 펼쳤을 뿐만 아니라 크리스트교도의 예루살렘 순례를 허락했다. 또한 카롤루스의 궁정 학교에는 동로마 제국의 세력권이었던 지역에서도 인재가 모여들었다. 이런 것을 보면 당시의 서유럽이 외부로부터 고립되어 있었다고 단언하기는 어려운 측면이 있다.

재분열 후에도 남은 공통 문화

813년에 아들 루도비쿠스(루도비쿠스 1세)를 공동 통치자로 대관시킨 카롤루스는 이듬해에 세상을 떠난다. 그리고 루도비쿠스 1세의 사망 후 843년에 베르됭 조약이 체결됨에 따라 프랑크 왕국의 영토는 셋으로 분할된다. 이때 큰아들인 로타리우스가 중부 프랑크 왕국, 셋째 아들인 루도비쿠스 2세가 동프랑크 왕국, 막내인 카롤루스 2세가 서프랑크 왕국을 상속받았는데, 로타리우스가 세상을 떠난 뒤 870년에 메이르선 조약이 체결되어 중부 프랑크 왕국의 북부가 동서 프랑크 왕국에 재분할된다. 그리고 남은 남부는 이탈리아, 동프랑크 왕국은 독일, 서프랑크 왕국은 프랑스의 원형이 된다.

카롤루스 대제

여담이지만, EU를 운영하는 유럽 연합 이사회의 본부는 1995년 까지 벨기에의 브뤼셀 시내에 있는 '샤를마뉴 빌딩'이라는 건물에 있었다. 다민족 국가였던 프랑크 왕국은 그야말로 현재 EU의 원형 이라고 할 수 있을 것이다.

서유럽이 재통일된 기간은 카롤루스와 루도비쿠스 1세의 치세인 수십 년뿐이다. 그러나 이 기간에 라틴어와 크리스트교라는 공통 문화가 서유럽의 민족들에게 통일 의식을 불어넣었으며, 일요일에 는 일을 쉬고 교회에서 결혼식을 올리는 등의 크리스트교 관습이

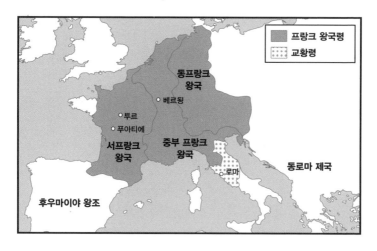

베르됭 조약이 체결되었을 무렵의 프랑크 왕국　　베르됭 조약에 이어 메이르선 조약을 통해 동프랑크 왕국, 서프랑크 왕국, 이탈리아 왕국이 탄생했다.

너무 재밌어서 잠 못 드는
황제의 세계사

확산되었다. 한편 카롤루스는 작센족(색슨족) 등 정복한 지역의 사람들을 크리스트교로 개종시키더라도 그들의 고유문화는 남겨 놓았다. 카를로스의 로마 황제 대관은 단순한 서로마 제국의 부활이 아니라 게르만인의 새로운 서유럽 문화권이 성립되었음을 상징하는 사건이었다.

생몰년: 763년~809년
재위: 786년~809년
국가: 아바스 왕조

『천일야화』에서
내 이름을 찾아봐

북아프리카에서 중동, 동남아시아에 이르는 현재의 광범위한 이슬람 권의 인구는 약 16억 명에 이르는데, 그 초석을 쌓은 존재는 국경 없는 유목민인 아랍족의 교역 상인을 통해 동양과 서양을 연결한 아바스 왕조다.

『천일야화(아라비안나이트)』에도 등장하는 하룬 알 라시드는 아바스 왕조에 최전성기를 가져다준 인물이다. 그는 치세에 동로마 제국에서 흡수한 그리스 문화를 수많은 문헌으로 남김으로써 훗날 중동뿐만 아니라 서유럽의 학예 발달에 지대한 영향을 끼쳤다.

노예도 이민족도 수용한 왕조

중세에 해당하는 7~15세기에는 서유럽보다 이슬람권이 경제력과 군사력, 풍요로운 문화라는 측면에서 모두 우위에 있었다. 8세기에 중동의 아바스 왕조와 외교 관계를 맺은 프랑크 왕국의 카롤루스 대제는 살아 있는 코끼리, 향신료, 향유 등을 헌상받고 그 엄청난 양에 '이것으로 동방의 창고가 텅텅 비고 서방의 창고가 가득해졌구나'라고 생각할 만큼 충격을 받았다고 한다. 그 호화로운 선물로 서유럽을 압도하는 힘을 과시한 인물이 바로 아바스 왕조 최전성기의 칼리프인 하룬 알 라시드다.

중동에서는 3~6세기에 사산 왕조 페르시아 왕국이 번영을 자랑했고, 아라비아반도에 사는 아랍족은 사산 왕조의 지배를 받는 일개 세력에 불과했다. 그러나 610년에 교역 상인인 무함마드가 이슬람교를 창시했고, 이슬람 교단은 아랍족을 중심으로 하는 국가를 세운다. 무함마드의 후계자는 '칼리프'라고 불렸는데, 제4대 칼리프까지는 합의로 결정되었지만 661년에는 우마이야 가문이 칼리프를 세습하는 우마이야 왕조가 성립한다. 이때 이슬람 교단의 주류인 수니파에서 제4대 칼리프인 알리 이븐 아비 딸립의 일족을 지지하는 시아파가 분리되었고, 훗날 시아파는 페르시아의 국교가 된다.

이슬람교에서는 신도 사이의 평등을 외쳤지만 우마이야 왕조는

하룬 알 라시드

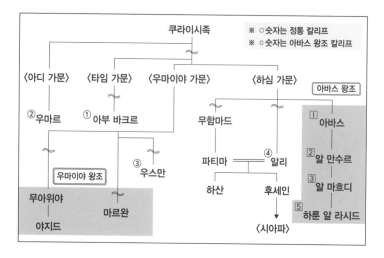

| 쿠라이시족의 계보

아랍족 중심주의를 취했다. 이 때문에 페르시아인 등 비아랍족의 반발이 커졌고, 그 결과 750년에 우마이야 왕조가 쓰러지고 아바스 왕조가 들어선다. 아바스 가문은 무함마드의 숙부에 해당하는 인물의 혈통으로, 아바스 왕조의 제2대 칼리프가 된 알 만수르는 어머니가 북아프리카 출신의 노예였기 때문에 아랍족 중심주의를 폐지하고 다민족의 협조를 얻으려 했다. 또한 티그리스강 변에 원형의 성벽으로 둘러싸인 계획도시 바그다드를 건설하고 우마이야 왕조의 수도인 다마스쿠스 대신 그곳을 수도로 삼았다.

『천일야화』에도 등장하는 바른길을 걷는 자

하룬은 아바스 왕조의 제3대 칼리프인 알 마흐디의 셋째 아들로, 알 만수르처럼 어머니가 노예 출신이었다. 이슬람교에서는 노예를 자유로운 신분으로 만들어 주는 것을 미덕으로 여기는 관습이 있어서 노예에서 출세한 인물이 다수 있는데, 하룬 자신은 사촌 남매인 주바이다를 왕비로 맞이함으로써 알 만수르의 혈통을 강조했다.

하룬은 동로마 제국 군대와의 전투에서 전과를 올려 '알 라시드(바른길을 걷는 자)'라는 칭호를 받았다. 그리고 세상을 떠난 아버지 알 마흐디의 뒤를 이었던 형 알 하디가 급사함에 따라 제5대 칼리프의 자리에 올랐다.

중세 중동의 민화를 모은 『천일야화』에는 최전성기의 아바스 왕조를 무대로 한 이야기가 적지 않은데, 하룬이 대신인 자파르와 무사인 마스루르를 데리고 서민의 문제에 관여하는 전개가 종종 나온다. 『천일야화』는 픽션이지만 이 두 수행원은 실존했던 인물이다.

하룬은 명문가인 바르마크 가문의 야히야를 재상으로 임명해 내정을 펼쳤다. 이 야히야의 아들도 역시 하룬을 섬겼는데, 그게 바로 자파르다. 페르시아 출신인 바르마크 가문을 중용한 것은 아랍족만이 권력을 독점하지 않았던 아바스 왕조의 성격을 보여준다고 할 수 있다. 그러나 바르마크 가문은 권세가 너무 강했던 탓에 308년에 숙청당했는데, 이때 마스루르가 형을 집행했다는 이야기도 있다.

하룬은 797년, 803년, 806년 세 차례에 걸쳐 동로마 제국으로 원정을 떠나 승리를 거뒀다. 같은 시기에 프랑크 왕국의 카롤루스 대제는 동로마 제국과 대립하고 있었기 때문에 아바스 왕조와 우호 관계를 맺는다. 그래서 프랑크 왕국에서는 로마 제국의 금화와 함께 아바스 왕조로부터 유입된 은화가 대량으로 유통되었다.

세계 최대급 국제 도시의 번영

하룬이 즉위했을 무렵, 수도 바그다드는 아랍인 외에 유대인과 페르시아인, 북아프리카의 베르베르인 등이 왕래하는 국제 도시로서 인구가 100~200만 명에 이르렀던 것으로 추정되고 있다. 같은 시기에 동로마 제국의 수도인 콘스탄티노플의 인구가 약 30만 명이었고, 파리나 로마의 인구는 10만 명도 되지 않았다. 중세의 바그다드는 당의 장안과 어깨를 나란히 하는 세계 최대의 도시였다고 할 수 있다. 796년에 하룬이 자신의 성을 현재의 시리아 북부에 위치한 락까로 옮겼지만, 바그다드는 여전히 행정과 상업의 중심지로서 크게 번성했다.

당시의 아바스 왕조에 번영을 가져다준 것은 동서를 연결하는 교역 네트워크였다. 아랍족 상인들은 북아프리카와 지중해, 인도

양, 중앙아시아에서 활약했고 당의 광주에도 거류지를 만들었다. 실크로드를 통해 동방의 비단, 도자기, 종이 등이 바그다드로 유입되어 동로마 제국 등의 서방으로 수출되었고, 서방의 향료와 유리 제품 등이 동방으로 수출되었다.

751년, 중앙아시아의 탈라스강 연안에서 아바스 왕조와 당의 군대가 충돌했다. 이때 포로가 된 당인으로부터 마를 원료로 사용하는 제지법이 전래되었고, 이를 계기로 자파르의 형 알파들이 공문서를 파피루스나 양피지에서 종이로 바꿨다고 전해진다. 이에 따라 서적이 대량 생산되었고, 하룬은 이집트의 알렉산드리아 도서관이

아바스 왕조의 영토(9세기) 동서로 영토를 확대해 다민족 국가가 된 아바스 왕조는 아랍족과 다른 부족의 융화를 꾀했다.

소장한 동로마 제국의 천문학, 수학, 건축학, 철학, 의학 등의 문헌을 아라비아어로 번역시키는 등 문화의 진흥을 꾀했다. 이 성과는 훗날 바그다드에 건설된 '지혜의 집'에 집대성된다.

르네상스의 토양을 다지다

하룬의 재위 기간을 포함해 8~9세기의 아바스 왕조는 번영을 구가했지만, 광대한 영토의 각 지역에서는 점차 독립의 기운이 높아진다. 그리고 10세기가 되자 북아프리카에 파티마 왕조, 이베리아 반도에 후(後)우마이야 왕조가 성립함에 따라 아바스 왕조를 포함해 칼리프가 3명이나 있는 상황이 된다. 11세기에는 중동을 상대로 십자군 전쟁을 시작한 서유럽 국가들이 때때로 아바스 왕조와 파티마 왕조를 침공했고, 이를 전후해서 중앙아시아 출신인 튀르크족이 세운 셀주크 왕조, 제3차 십자군을 격퇴한 쿠르드족 출신의 살라딘(살라흐 앗딘)이 창시한 아이유브 왕조, 비아랍계 이슬람 왕조가 중동의 각지에 난립한다. 그리고 13세기인 1258년, 아바스 왕조는 동방에서 침공한 홀라구의 몽골군에 멸망하고 만다.

다만 지중해와 인도양의 교역 네트워크를 장악한 이슬람권의 서유럽에 대한 우위는 16세기까지 지속된다. 한편 하룬의 치세에 종이 서적의 보급과 함께 중동에 보존되었던 고대 그리스의 예술은

너무 재밌어서 잠 못 드는
황제의 세계사

훗날 서유럽으로 역수입되어 르네상스의 토양이 됨으로써 유럽의 역사에 지대한 영향을 끼친다.

실크로드 무역을 통해 동서의 문화를 중개했다는 측면에서도, 북아프리카부터 동남아시아까지 수많은 민족을 포함한 광범위한 이슬람 문화권의 기틀을 쌓았다는 측면에서도, 최전성기의 하룬이 세계에 끼친 영향은 헤아릴 수 없을 만큼 크다.

하룬 알 라시드

13 · 엘프레드 대왕

생몰년: 849년~899년
재위: 871년~899년
국가: 웨섹스 왕국

바이킹도
내 손안에 있다

현재의 영국에 해당하는 그레이트브리튼섬은 유사 이래 바다를 건너온 다양한 민족의 지배를 받아 왔는데, 바이킹의 위협에 시달렸던 9세기에 나타난 지도자가 앨프레드 대왕이다.

앨프레드는 군사적인 성공을 거두었을 뿐만 아니라 법률과 교육 정비에도 힘을 쏟아 잉글랜드라는 나라의 근간을 다졌다. 그가 단순한 왕이 아니라 대왕으로 불리는 이유를 살펴보자.

그레이트브리튼섬에 건국된 칠왕국

유라시아 대륙의 북서쪽, 북해에 위치한 그레이트브리튼섬과 아일랜드섬의 일부로 구성된 섬나라를 '영국'이라고 부른다. 이 영국은 잉글랜드, 웨일스, 스코틀랜드, 북아일랜드 등으로 구성된 연합 국가이며, 정식 명칭은 '그레이트브리튼 북아일랜드 연합 왕국'이다.

그레이트브리튼섬은 섬나라이지만 대륙과의 거리가 가장 짧은 곳의 경우 30여 킬로미터밖에 되지 않는 까닭에 먼 고대부터 타민족의 침공을 받아 왔는데, 9세기에 바이킹의 습격을 물리쳐 명성을 드높인 지도자가 있다. 바로 앨프레드 대왕이다.

고대의 그레이트브리튼섬에는 브리튼인이 살고 있었다. 잉글랜드 남부에 위치한 스톤헨지 유적은 기원전 2500년~기원전 2000년의 신석기 시대에 브리튼인이 만든 것으로 생각되고 있다. 기원전 650년이 되자 중앙 유럽에서 켈트인이 그레이트브리튼섬을 찾아와 요새를 쌓고 정착한다. 켈트인은 금속 무기와 전차를 사용하면서도 자신들의 문자를 갖고 있지 않았으며, 드루이드라는 사제를 중심으로 자연을 숭배했다.

그런 가운데 대륙에서 세력을 확대한 로마 제국이 그레이트브리튼섬에 변화를 가져온다. 공화정기의 로마 장군 카이사르는 기원전 55년과 기원전 54년 두 차례에 걸쳐 그레이트브리튼섬을 침공한다.

그리고 100년 후인 서기 43년에는 제정으로 이행 중이던 로마가 그레이트브리튼섬의 남부를 속주로 삼는다. 로마 제국은 템스강 북쪽 연안의 런던을 중심으로 지배했다. 도시부에는 법정과 상하수도, 목욕탕 등이 만들어졌고, 현지인은 로마인과 동화되어 갔다.

그런데 4세기 말, 이른바 '게르만족의 대이동'으로 앵글인과 색슨인, 유트인이 그레이트브리튼섬에 침입한다. 이들을 막지 못하게 된 로마의 주류군은 407년에 대륙으로 완전히 철수했고, 그 후 앵

시대	사건
기원전 2500~ 기원전 2000년	브리튼인이 스톤헨지를 만든다.
기원전 7000년경	대륙에서 켈트인이 이주한다.
기원전 55년, 기원전 54년	카이사르가 지휘하는 로마군의 침공에 켈트인이 복속. 로마가 켈트인을 브리튼인이라고 부르게 된다.
43년	로마 황제 클라우디우스가 그레이트브리튼섬 남부를 제국의 속주로 삼는다.
120년경	로마 황제 하드리아누스가 그레이트브리튼섬을 횡단하는 벽을 건설. 훗날 오랜 세월에 걸쳐 남부 잉글랜드와 북부 스코틀랜드의 경계가 된다.
407년경	아일랜드인과 색슨인의 침공으로 로마 제국이 그레이트브리튼섬의 속주를 포기한다.
7세기경	게르만 계통인 앵글로색슨인이 그레이트브리튼섬 남부에 칠왕국을 건국한다.

| 앨프레드 대왕이 등장하기까지의 영국 역사

너무 재밌어서 잠 못 드는
황제의 세계사

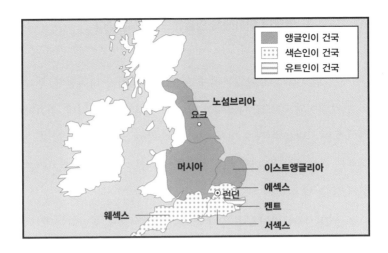

앵글로색슨 칠왕국의 각 영토 칠왕국이 서로 싸운 결과 웨섹스가 가장 우위에 서게 되며, 바이킹의 습격에 주도적으로 대처하게 된다.

글인 등은 그레이트브리튼섬에 칠왕국을 세우고 켈트인을 지배한다. 그 왕국이 북부 스코틀랜드 지역에 앵글인이 건국한 노섬브리아, 머시아, 이스트앵글리아, 남부에 색슨인이 건국한 에섹스, 서섹스, 웨섹스, 남동부에 유트인이 건국한 켄트다. 칠왕국은 서로 싸움을 거듭했는데, 이윽고 머시아와 웨섹스가 우위에 선다. 그리고 829년에 웨섹스의 왕 에그버트가 머시아를 공격해 템스강 이남 지역을 지배함으로써 잉글랜드 왕국이 성립된 것으로 생각된다.

참고로 잉글랜드는 '앵글인의 토지'라는 의미로 붙은 이름이다.

앨프레드 대왕

멸망의 위기에서 잉글랜드를 구해 내다

8세기 말, 그레이트브리튼섬에 새로운 침략자가 나타난다. 현재의 노르웨이와 덴마크 지역에서 찾아온 바이킹(데인인)이다. 처음에 바이킹은 선단을 이끌고 와서 연안을 습격한 뒤 점령하지 않고 고향으로 돌아갔는데, 이윽고 아일랜드의 더블린과 그레이트브리튼섬의 요크, 대륙 쪽의 루앙에 정착해 이곳을 거점 삼는다.

865년이 되자 바이킹은 잉글랜드를 본격적으로 침공하는데, 말을 이용한 전투에 익숙하지 않은 탓도 있어서 이스트앵글리아와 노섬브리아는 순식간에 점령당한다. 당시는 칠왕국이 넷으로 통합되어 있었기 때문에 남은 왕국은 머시아와 웨섹스뿐이었다. 그러나 웨섹스도 바이킹의 습격을 받아서 영토의 대부분을 잃는다. 그리고 871년, 이런 어려운 상황 속에서 에그버트의 손자인 앨프레드가 웨섹스의 왕으로 즉위한다.

왕이 된 앨프레드는 잉글랜드를 탈환하기 위해 먼저 군사력을 강화한다. 바이킹처럼 말을 활용해 기동력을 확보하고, 각지에 요새를 건설했다. 또한 주변의 농민을 징용해 반년 주기로 교대하는 군역의 의무를 부과한다. 그리고 자신의 딸을 시집보냄으로써 오랫동안 라이벌이었던 머시아와 동맹을 맺었다.

군사력을 정비한 앨프레드의 왕국 연합군은 바이킹과 일진일퇴의 공방을 거듭했고, 그 과정에서 머시아는 멸망하고 만다. 그러나 앨프레드는 878년의 에딩턴 전투에서 바이킹에 대승리를 거둔다. 886년에는 에섹스 왕국의 주요 도시였던 런던을 탈환했고, 이후 바이킹과 '웨드모어 조약'을 맺음으로써 바이킹은 북쪽의 데인로 지방(런던 북방에서 요크 남쪽 부근까지)을, 앨프레드는 그 남쪽을 통치하게 된다. 앨프레드의 승리가 잉글랜드를 멸망의 위기에서 구해 낸 것이다.

나라의 근간을 다진 위대한 왕

영국에서는 유명한 앨프레드의 일화가 있다. 바이킹과의 전투에서 패배해 도망칠 때 있었던 일이다. 신분을 숨기고 어느 농가에 숨어 있었던 앨프레드는 농가의 안주인에게 빵이 적당히 구워지는지 살펴봐 달라는 부탁을 받았다. 그런데 화덕 앞에서 바이킹에 어떻게 대처할지 궁리하는 데 몰두한 나머지 빵이 타 버렸다. 새까매진 빵을 본 안주인은 화를 내며 앨프레드를 두들겨 팼는데, 그때 앨프레드의 부하가 와서 왕의 신분을 밝히자 안주인은 새파랗게 질린 채 사죄했다. 그러나 앨프레드는 안주인을 질책하지 않고 "약속을 지키지 못한 짐의 잘못이오"라고 자신의 책임을 인정한 뒤 부하와 함께 떠났다고 전해진다. 앨프레드는 용감무쌍한 동시에 도량이 큰 인물이었다.

앨프레드 대왕

전쟁을 일단락 지은 앨프레드는 부흥에 착수했다. 전란으로 쇠퇴한 문화와 학문의 회복과 보호에 힘을 쓰고 학교를 설립했다. 40대에 라틴어를 배우기 시작해 성서를 고대 영어로 번역했으며, 『앨프레드 대왕전』이나 『앵글로색슨 연대기』 등을 기술케 해 자신의 치세를 널리 알렸다. 한편 법 제도 측면에서는 관습법을 중시하면서도 독자적인 법을 담은 '앨프레드 법전'을 제정했다. 이것은 왕 개인의 재량으로 법을 제정할 수 있는 왕권 강화법이다.

886년에 런던을 탈환한 뒤, 잉글랜드에 남은 바이킹은 영민(領民)과 일체화되어 간다.

그 후 앨프레드는 899년에 세상을 떠난다. 그리고 웨섹스의 잉글랜드 통일은 그의 손자인 애설스탠의 대에서 끝이 난다. 1002년, 앨프레드의 혈통에 해당하는 애설레드 2세가 국내의 데인(노르만)인을 학살한다. 이것이 격분한 덴마크 왕 스벤 1세의 잉글랜드 침공을 초래했고, 웨섹스 왕조는 1013년에 붕괴된다. 다만 앨프레드의 혈통은 끊어지지 않고 현재의 영국 왕실까지 이어진다.

자신의 업적을 자신이 기록했다고는 하지만, 바이킹을 물리치고 훗날 영국의 근간이라고도 할 수 있는 색슨인의 통일 국가를 만들어 낸 앨프레드에게는 '대왕'이라는 칭호가 전혀 아깝지 않다고 할 수 있다.

너무 재밌어서 잠 못 드는
황제의 세계사

14 ∘ 오
토
대
제

생몰년: 912년~973년
재위: 962년~973년
국가: 신성 로마 제국

그가 오토 '대제'라
불리게 된 이유

동프랑크 왕국의 왕이었던 오토 1세는 로마 교황을 구한 보답으로 이탈리아 왕이 됨으로써 이후 800년이라는 오랜 기간 지속된 신성 로마 제국의 초대 황제에 즉위했다.

황제가 된 오토 1세는 국내의 제후들을 통제하기 위해 로마 가톨릭 교회를 이용하는 등 교회와 밀접한 관계를 유지한다. 그러나 그 관계성은 훗날 황제와 로마 교황 사이에 큰 화근을 낳게 된다.

신성 로마 제국의 탄생

'독일(Deutschland)'이라는 국명은 8세기 말에 이탈리아인이 알프스 이북의 게르만 계통 언어를 사용하는 사람들을 'theodisci(민중)'이라고 부른 데서 유래한 것으로, 시간이 지나면서 'th'가 'd'로 변화했다. 일상에서 독일어를 사용하는 사람들이 자신들을 독일인으로 인식하게 된 시기는 10세기경, 바로 오토 1세가 다스리던 무렵이다.

서유럽을 재편한 카롤루스 대제가 세상을 떠난 뒤 프랑크 왕국은 그의 아들인 루도비쿠스 1세를 거쳐 셋으로 분할되는데, 그중 하나인 동프랑크 왕국에서는 왕에게 위탁받은 왕족이나 귀족 등의 유력 제후가 작센족, 바이에른족, 프랑켄족 등의 부족이 사는 토지를 통치하고 있었다. 그런데 루도비쿠스 4세가 후계자를 남기지 못한 채 911년에 세상을 떠남으로써 동프랑크 왕국의 카롤루스 왕조는 단절된다. 그래서 제후들은 선거를 통해 왕을 결정하기로 했고, 그 결과 프랑켄 공작 콘라트가 콘라두스 1세가 된다.

시간이 흘러 콘라두스 1세가 918년에 세상을 떠나자 카롤루스 대제와는 혈연관계가 없는 작센 공작 하인리히가 왕으로 선정되었고, 936년에는 하인리히 1세의 아들이 새로운 왕이 된다. 그가 바로 훗날 신성 로마 제국의 황제가 되는 오토 1세다.

오토 대제

크리스트교 세계의 수호자

오토 1세가 새로운 왕으로 선정된 데는 외적의 위협이라는 이유가 있었다. 9세기경부터 국력이 약해진 동프랑크 왕국은 북쪽에서는 노르만인, 동쪽에서는 아시아계 마자르인의 거듭된 침략으로 거리와 교회가 파괴되고 약탈당하고 있었다. 그런 상황에서 오토 1세의 아버지 하인리히 1세는 마자르인을 격퇴함으로써 강력한 지도자를 원하는 제후들에게 실력을 과시했다. 오토 1세도 제후들의 기대에 부응해 955년에 레히펠트 전투에서 마자르인에 완승해 그들이 더는 국내로 침입하지 못하게 만들었다. 참고로 이 마자르인은 훗날 헝가리 평원에 정착하고 크리스트교를 받아들여 헝가리인의 조상이 된다.

레히펠트 전투에서 승리해 이교도들로부터 크리스트교 사회를 구한 오토 1세의 명성은 높아져만 갔다. 여기에 로마 교황 요한 12세의 요청을 받고 떠난 원정에서 교황령을 침략했던 북이탈리아의 이브레아 변경백을 타도하고 이탈리아 왕으로도 즉위한다. 이렇게 이탈리아의 지배권을 확립한 오토 1세는 962년에 로마 교황 요한 12세에게 '로마 황제'로 대관 받는다. 이것은 그가 크리스트교 세계의 수호자임을 의미했다.

이 오토 1세의 대관을 신성 로마 제국의 시작으로 보는 견해가 일반적이다.

너무 재밌어서 잠 못 드는
황제의 세계사

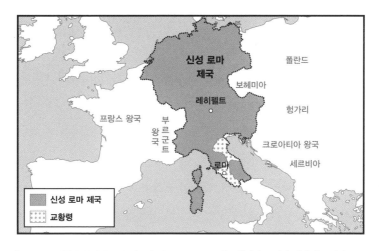

신성 로마
제국

폴란드

보헤미아

레히펠트

헝가리

프랑스 왕국

부
르
군
트
왕
국

크로아티아 왕국

세르비아

로마

■ 신성 로마 제국
⋮ 교황령

10세기 후반의 신성 로마 제국의 영토　　오토 1세는 현재의 독일에 해당하는 거의 모든 부분과 로마 교황에게 기부한 토지를 제외한 현재의 이탈리아 북부에 해당하는 부분을 지배했다.

여담이지만, 오토 1세는 황위에 올랐을 때 '황제 아우구스투스'를 자칭했다. 그리고 그의 아들인 오토 2세와 손자인 오토 3세는 '로마인들의 황제 아우구스투스'라는 칭호를 사용했다.

교회를 통치에 이용하다

동프랑크 왕국 시대부터 오토 1세는 유력 제후들을 다스리기 위해 제후 세력과는 관련이 없는 교회 조직을 이용했다. 게르만 민족

오토 대제

사회에서는 교회를 만든 이의 사유물로 보는 사고방식이 있었다. 그런데 하인리히 1세와 오토 1세 부자는 자국 내의 교회를 왕에게 귀속시킴으로써 성직자의 서임권(임명권)을 장악했다. 그리고 교회에 토지를 기부하거나 특권을 부여하고 보호해 자신이 임명한 성직자에게 해당 지역의 권력을 줌으로써 유력 제후를 억제했다. 이것을 '제국 교회 정책'이라고 하며, 이 정책은 하인리히 1세를 시작으로 하는 작센 왕조에서 다음 왕조인 잘리어 왕조까지 계승된다.

이 성직 서임권을 둘러싼 신성 로마 황제와 로마 교황의 대립은 그 후에서 계속되며, 1077년에는 황제가 로마 교황에게 굴복하는 '카노사의 굴욕' 사건이 일어난다. 그리고 1122년에 '보름스 협약' 체결로 로마 교황이 서임권을 갖게 됨으로써 오토 1세의 시대에 시작되었던 서임권 투쟁은 마침내 종결된다.

신성 로마 황제는 국가 행정의 주요 관직에 결혼이 금지된 성직자를 임명하는 방법으로 세습을 통한 권력의 강화를 방지했는데, 당시 성직자는 지식인으로 문서에 정통했던 까닭에 행정의 능률이 향상되는 일석이조의 효과가 있었다.

흩어진 국민 의식을 한데 모으다

오토 1세는 자치 지향이 강한 이탈리아의 도시들을 지배하고자 적극적으로 출병했다(이탈리아 경영·이탈리아 정책).

973년에 오토 1세가 사망하자 그 뒤를 이어 황제의 자리에 오른 아들 오토 2세는 28세라는 젊은 나이에 세상을 떠났고, 당시 3세였던 오토 1세의 손자 오토 3세가 황제가 된다. 그러나 폴란드의 크리스트교화를 촉진하던 오토 3세도 자식을 얻지 못한 채 21세에 요절한다. 그래서 육촌 형제인 하인리히 2세가 황제에 즉위했는데, 하인리히 2세 역시 후계자 없이 세상을 떠난다. 이에 따라 하인리히 1세부터 5대 동안 계속되었던 작센 왕조는 막을 내린다.

다음 왕조인 잘리어 왕조(프랑켄 왕조)의 초대 황제가 된 콘라트 2세는 오토 1세의 딸 리우르가르트의 혈연에 해당한다. 잘리어 왕조 시대에는 부르군트(부르고뉴)를 손에 넣어 영토가 확대된 한편, 서임권 투쟁이 더욱 치열해졌다.

오토 1세의 의식 속에서 신성 로마 제국의 위치는 카롤루스 대제의 프랑크 왕국의 재흥이었던 듯하다. 그래서 국명도 처음에는 그냥 로마 제국이었다. 신성 로마 제국이라는 국명이 일반화된 것은 13세기 중반이다. 국명에 '신성'이 붙은 이유는 당시 황제가 '신이 은총을 내린 왕위'를 부여받은 성스러운 존재로 여겨졌고 로마 교황의 권력이 이탈리아 국내로 한정되었기 때문으로 생각된다.

원래 동프랑크 왕국은 여러 부족 국가의 집합체였는데, 오토 1세 시대에 독일어와 제국 교회 정책, 국왕 선거 등의 독자적인 제도 문화가 공유됨으로써 국민 의식이 눈을 뜨기 시작했다. 그리고 15세

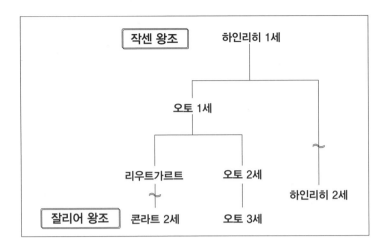

작센 왕조 | 하인리히 1세

오토 1세

리우트가르트 | 오토 2세

하인리히 2세

잘리어 왕조 | 콘라트 2세 | 오토 3세

| 오토 1세를 중심으로 한 계보

기가 되자 합스부르크 가문 출신이 신성 로마 황제를 연임하면서 로마에 기대지 않고 '독일 국민의 신성 로마 제국'을 자칭하게 되었고, 그 결과 영민들 사이에 독일 국민이라는 정체성이 싹튼다. 다만 독일이라는 나라가 탄생한 것은 19세기에 이르러서다.

　국내의 제후들을 하나로 모음으로써 후세에 독일 연방 공화국이 되는 나라의 모델을 제시한 오토 1세는 뛰어난 공적을 남긴 황제에게 부여되는 칭호인 '대제'를 부여받아 사후 '오토 대제'로 불리게 된다.

15 ∘ 헨리 2세

생몰년: 1133년~1189년
재위: 1154년~1189년
국가: 잉글랜드 왕국

싸우지 않고 영토를 따먹는
기발한 방법

12세기 중반, 잉글랜드에서는 노르만 왕조가 단절된다. 그리고 새로이 잉글랜드 왕이 되어 플랜태저넷 왕조를 연 인물이 프랑스의 앙주 백작이기도 했던 헨리 2세다.

헨리 2세는 혼인을 통해 프랑스 서부의 광대한 토지를 계승한다. 프랑스 남서부에서 그레이트브리튼섬, 아일랜드섬에 이르는 서유럽 최대의 넓이를 자랑하는 영토는 '앙주 제국'으로 불리기까지 했다. 또한 헨리 2세가 정비한 법 제도는 영국 각종 제도의 토대가 되었다.

문화 융합을 만들어 낸 노르만 왕조

1066년은 잉글랜드 역사에 특별한 해다. 이 해에 바이킹의 후손인 노르망디 공작 윌리엄이 영국 해협을 건너서 잉글랜드를 공격해 앵글로색슨 계통의 잉글랜드 왕 해럴드 2세를 쓰러뜨렸다. 윌리엄은 그대로 잉글랜드 왕 윌리엄 1세로 즉위해 노르만 왕조를 열었다(노르만 정복).

윌리엄 1세는 저항하는 앵글로색슨인 귀족에게서 몰수한 토지를 가신인 노르만인 귀족에게 줘서 통치시키는 봉건 제도를 도입했다. 그리고 잉글랜드의 토지를 조사하고 토지 대장을 만들어 안정적인 세수를 확보하는 등 통치를 확립해 나갔다.

노르만 왕조 시대에는 앵글로색슨 문화와 노르만인의 라틴어 문화가 융합된다. 주민들이 사용하는 고대 영어에 고대 프랑스어의 어휘가 도입되었고, 노르만 양식으로 불리는 윈체스터 대성당이나 더럼 대성당이 건조되었다. 요새로서 런던탑이 건설된 것도 이 무렵이다.

최대 영토를 소유한 영주가 된 비결

윌리엄 1세가 세상을 떠난 뒤 셋째 아들인 윌리엄 2세, 넷째 아들인 헨리 1세를 거쳐 손자에 해당하는 스티븐이 즉위한다. 스티븐은 프랑스의 귀족인 블루아 가문 출신으로, 그를 블루아 왕조의 처음 이자 마지막 왕으로 보기도 한다.

헨리 1세에게는 마틸다라는 외동딸이 있었다. 마틸다는 신성 로마 황제인 하인리히 5세의 황후였는데, 황제와 사별한 뒤 현재의 프랑스 중앙부에 해당하는 앙주를 영지로 가진 앙주 백작 조프루아와 재혼해 후계자인 앙리(훗날의 헨리 2세)를 낳는다. 성장한 앙리는 현재의 프랑스 남서부에 해당하는 광대한 토지를 소유한 아키텐의 여공작 엘레오노르와 결혼한다. 그 결과 앙리는 자신이 소유하고 있던 앙주와 노르망디에 이어 아키텐의 영지까지 소유함으로써 프랑스 왕국 최대의 영주가 되었다. 한편 앙리는 할아버지인 헨리 1세의 혈통임을 근거로 잉글랜드 왕위 계승권을 주장해 스티븐과 대립한다.

잉글랜드 왕위 계승권을 둘러싼 내전 속에서 간신히 나라를 다스리고 있던 스티븐은 후계자가 급사하자 앙리와 '윈체스터 조약'을 체결한다. 이는 스티븐이 죽을 때까지 왕위를 인정하되 사후에는 앙주 백작 앙리가 왕위를 계승한다는 내용의 조약이었다. 그런데 윈체스터 조약이 체결된 지 1년 뒤에 스티븐이 세상을 떠남으로써 노르만 왕조는 막을 내린다. 그리고 조약에 따라 앙리가 1154년 12월에 대관식을 거행해 잉글랜드 왕에 즉위했으며, 헨리 2세로서 플랜태저넷 왕조(앙주 왕조)를 연다.

너무 재밌어서 잠 못 드는
황제의 세계사

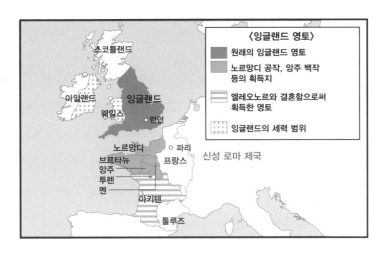

헨리 2세의 영토　　브리튼 제도의 잉글랜드 영토뿐만 아니라 프랑스 왕의 직할지를 제
외한 프랑스의 대부분이 헨리 2세의 지배 아래 있었다.

플랜태저넷이란 앙주 가문의 문장인 금작화(Planta Genista)에서 유
래했다.

잉글랜드 재건을 위한 움직임

잉글랜드 왕이 됨으로써 헨리 2세의 지배 지역은 그레이트브리
튼섬과 아일랜드, 유럽 대륙의 앙주와 노르망디, 브르타뉴, 아키텐
에 이르렀다. 직할지가 파리 주변뿐이었던 당시의 프랑스 왕에 비

헨리 2세

해 너무나도 광대했던 헨리 2세의 토지는 '앙주 제국'으로 불리기까지 했다.

이처럼 광대한 영토를 소유했으면서도 프랑스 국내에서 헨리 2세의 지위는 프랑스 왕의 가신이었다. 아울러 헨리 2세의 왕비 엘레오노르가 프랑스 왕 루이 7세의 전부인이었던 것이 프랑스와의 관계를 더욱 복잡하게 만들었다. 이 관계는 1339년에 영국과 프랑스가 프랑스의 왕위와 영토를 둘러싸고 백년 전쟁을 시작하는 원인 중 하나가 된다.

여담이지만, 헨리 2세는 생애의 대부분을 프랑스에서 보냈다. 잉글랜드에서 살았던 기간은 13년 정도였고, 대화에서도 프랑스어를 사용했다고 한다.

즉위한 헨리 2세는 내전으로 혼란에 빠져 있었던 잉글랜드를 재건하기 위해 각종 개혁과 법 정비에 착수한다. 스티븐과 마틸다가 내전을 유리하게 진행하고자 유력 영주들에게 토지와 권력을 나눠준 탓에 지방 관료는 영주의 지배를 받았으며 영민들은 핍박당하고 있었다. 그래서 헨리 2세는 영주의 압정으로부터 지방 영민을 보호하기 위해 지방 관료의 관직을 일부 폐지했다. 또한 영주 재판권을 제한하는 동시에 배심원 제도를 제정했다. 지방의 중요 사안을 재정(裁定)할 때는 중앙에서 판사를 파견하고 순회 재판을 열어서 사람들의 호소가 왕의 귀에 들어오게 했다. 아울러 행정 장관직과 재무부를 설립해 행정을 확고하게 만들었다.

헨리 2세가 실시한 이와 같은 일련의 법 정비는 중세 이후 잉글랜드 통치의 토대가 되었다.

영토 분배를 둘러싼 부자 간의 대립

헨리 2세와 엘레오노르 사이에는 다섯 아들과 세 딸이 있었다. 그런데 만년이 되자 헨리 2세의 마음이 엘레오노르에게서 멀어지면서 두 사람의 사이가 험악해졌고, 아들들도 영토 계승 문제로 다투기 시작했다.

큰아들이 요절하자 둘째 아들 청년왕 헨리는 후계자가 되어 공동 군주를 맡았다. 그런데 1173년, 헨리 2세는 청년왕 헨리가 승계할 터였던 앙주의 일부를 다섯째 아들 존에게 주려고 했다. 이에 화가 난 청년왕 헨리는 반기를 들었다. 여기에 셋째 아들 리처드와 넷째 아들 제프리가 가담했고 엘레오노르마저 힘을 빌려줬다. 게다가 프랑스 왕 루이 7세와 프랑스의 제후들, 스코틀랜드의 윌리엄 1세까지 청년왕 헨리의 편이 되었다. 참고로 존은 엘레오노르가 45세 무렵에 낳은 아들이다. 그래서 의학이 발달하지 않았던 당시에 고령 출산으로 태어난 존이 살아서 성인이 된 것은 예상 밖의 일이었다는 견해도 있다.

사면초가에 빠진 헨리 2세는 귀족이 아닌 용병 위주의 군대를 편

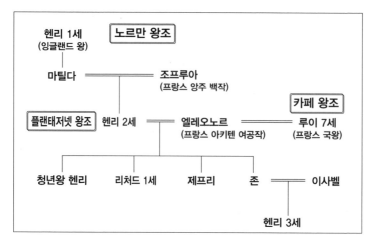

| 헨리 2세를 중심으로 본 잉글랜드 왕가

성했다. 광대한 영토를 지배하면서 쌓아 놓은 재산이 있었기에 가능했던 일이었는데, 이를 통해 열세를 뒤집고 아들들과 아내를 굴복시켰다.

　1183년에 청년왕 헨리가 세상을 떠난 데 이어 제프리도 사망하자 헨리 2세는 새로운 후계자인 리처드에게 아키텐을 존에게 넘겨주도록 요구한다. 이에 리처드는 프랑스의 새 국왕 필리프 2세와 손을 잡고 1189년에 다시 아버지와 맞섰는데, 존까지 리처드에게 가세한다. 그토록 사랑했던 존에게도 배신당해 실의에 빠진 헨리 2세는 같은 해 7월 6일에 앙주의 시농성에서 세상을 떠났다.

너무 재밌어서 잠 못 드는
황제의 세계사

골육상잔으로 붕괴된 제국

헨리 2세가 세상을 떠난 뒤, 1189년 9월에 리처드가 즉위해 리처드 1세가 된다. 그는 전투에서 용맹함을 보여줘 '사자심왕(The Lionheart)'이라는 유명한 별명까지 붙었다.

당시 예루살렘은 이슬람 계통인 쿠르드족의 살라딘이 지배하고 있었는데, 리처드 1세는 즉위하자마자 프랑스의 필리프 2세, 신성 로마 제국의 프리드리히 1세와 제3차 십자군을 결성하고 예루살렘 탈환을 목표로 원정을 떠난다. 프리드리히 1세가 원정 도중에 사망하고 필리프 2세가 귀국한 상황에서도 리처드 1세는 2년 동안 전쟁을 계속했고, 최종적으로 살라딘과 강화 조약을 맺는다.

그런데 귀국 도중에 리처드 1세는 앙주 제국을 위험시하는 신성 로마 제국의 황제 하인리히 6세에게 붙잡혀 포로가 된다. 그러자 필리프 2세는 기회를 놓치지 않고 노르망디와 투렌 등을 점령하는데, 여기에는 존의 결탁이 있었다. 그리고 존은 잉글랜드의 왕위도 요구했다.

이후 몸값을 내고 풀려난 리처드 1세는 분노한 사자와 같은 활약을 펼쳐 1198년에 영토를 회복하고 존을 항복시켰지만, 전투에서 얻은 상처가 원인이 되어 이듬해 41세의 나이로 생애를 마친다.

리처드 1세의 뒤를 이어 1199년에 잉글랜드 왕으로 즉위한 존은 시의심이 강한 성격이었다고 전해지며,『로빈후드』이야기에서는 악당으로 묘사되었다. 존은 즉위하자마자 노르망디와 앙주를 필리프 2세에게 빼앗긴다. 제후들을 통솔할 힘이 없었던 존의 치세에 앙주 제국의 영토는 잉글랜드 본토와 아키텐으로 축소되었다.

1214년에 존은 부빈 전투에서 필리프 2세에게 패한다. 그리고 1215년, 전쟁 비용의 조달을 위해 증세를 거듭하는 존에게 제후와 의회는 '마그나카르타(대헌장)'를 제출한다. 이것은 법에 따른 지배를 명문화하고 왕이 독단적인 증세나 재정적 착취를 삼가며 과세할 때는 제후나 기사, 도시의 대표로부터 의견을 구하고 토론할 것을 요청하는 내용으로, 훗날 영국 헌법의 바탕이 된다. 존은 일단 마그나카르타를 승인했다가 즉시 파기하고 제후와 대립하지만, 1216년에 세상을 떠난다. 대부분의 영토를 잃는 등의 실책 때문에 '결지왕' 또는 '실지왕'으로 불리며, 이후 영국에는 존이라는 이름의 왕이 등장하지 않았다.

잉글랜드와 프랑스에 걸쳐 앙주 제국이라고 불릴 정도의 광대한 영토를 보유하고 절대적인 힘을 자랑했던 헨리 2세의 가장 큰 적은 자신의 육친이었는지도 모른다.

생몰년: 1194년~1250년
재위: 1220년~1250년
국가: 신성 로마 제국

황제의 의무는
'과학'과 '대학'

신성 로마 제국 황제와 시칠리아 왕녀 사이에서 태어난 프리드리히 2세는 지중해 무역의 중요 거점이며 문화가 뒤섞이는 시칠리아 왕국에서 호기심 왕성한 성격으로 자란다.

이윽고 황제가 된 프리드리히 2세는 로마 교황의 요청으로 이슬람 세력으로부터 예루살렘을 탈환하기 위해 십자군을 조직해 원정을 떠난다. 그리고 기존의 십자군과는 다른 접근법으로 예루살렘을 손에 넣는다. 다른 문화를 이해하는 프리드리히 2세이기에 이룰 수 있었던 그 방법은 무엇일까?

다채로운 사고방식을 지닌 황제의 고향

"왕좌에 앉은 최초의 근대적 인간". 이것은 19세기 스위스의 문화 사학자 야코프 부르크하르트가 13세기의 신성 로마 황제 프리드리히 2세를 평가한 말이다. 부르크하르트는 그 이유를 프리드리히 2세가 사물을 객관적으로 판단하고 처리하는 능력이 뛰어나기 때문이라고 말했다. 프리드리히 2세가 그런 능력을 얻은 것은 태어나고 자란 시칠리아의 풍토와 깊은 관계가 있다.

프리드리히 2세는 호엔슈타우펜 왕조의 신성 로마 황제 하인리히 6세와 시칠리아 여왕 콘스탄차 사이에서 태어났다. 잉글랜드 왕 리처드 1세, 프랑스 왕 필리프 2세와 함께 제3차 십자군 원정을 떠났던 신성 로마 제국의 황제 프리드리히 1세의 손자에 해당한다. 당시 시칠리아 왕국은 왕이 로마 교황의 봉신으로서 지배권을 부여받았던 나라로, 정식으로는 신성 로마 제국의 지배를 받지 않았다. 그러나 하인리히 6세는 결혼을 통해 시칠리아 왕위를 손에 넣음으로써 실질적으로 시칠리아를 지배하게 된다. 시칠리아는 이탈리아반도의 남서쪽, 지중해에 있는 섬이다. 지중해 무역의 중요 거점으로서 이슬람교도들도 많이 살고 있었기 때문에 동서의 문화가 유입되었다.

어린 나이에 아버지 하인리히 6세를 잃은 프리드리히는 3세에 시칠리아 왕(프리드리히 2세)을 계승한다. 프리드리히 2세는 다양한 문화를 접하면서 자랐고 라틴어와 그리스어, 아라비아어 등 6개 국어를 구사했다. 또한 승마와 창술에도 조예가 깊었다고 한다. 다채로운 사고방식과 문화를 지닌 다양한 인종과의 교류는 프리드리히 2세의 국제 감각과 합리주의를 키웠고, 이것이 '왕좌에 앉은 최초의 근대적 인간'이라고 평가받는 인격을 형성하는 데 영향을 끼쳤으리라.

그 후 교황 인노켄티우스 3세를 후견인으로 두고 성장한 프리드리히 2세는 1209년에 아라곤 왕녀 콘스탄스와 결혼했고 1212년에 독일 왕, 1220년에 신성 로마 황제에 즉위한다.

과학을 접하고 유럽 최초의 대학을 창설하다

13세기의 이슬람 사회는 서유럽보다 과학 문명이 발달해 있었다. 그래서 십자군 등을 통해 전래된 수학, 화학, 의학, 천문학 같은 아라비아 과학은 유럽 사회에 커다란 영향을 끼쳤다. 프리드리히 2세 또한 아라비아 과학의 영향을 받았다.

해부학에 조예가 있었던 프리드리히 2세는 인체를 해부한 경험도 있었다고 한다. 인체의 구조에 관해 자세히 이야기해서 이슬람의 의사를 놀라게 했다는 일화가 전해진다. 그 밖에도 인간의 언어에 관해 실험하려고 신생아 수백 명을 큰 방에 모아 놓고 보모에게

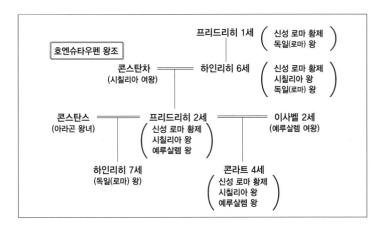

| 프리드리히 2세를 중심으로 본 신성 로마 황제의 계보

아무 말도 하지 않고 키우도록 한 적도 있는데, 결과는 자세히 알려지지 않았다.

또한 로마 교황의 영향력 밖에 있는 교육 기관으로서 유럽 최초의 국립대학인 나폴리 대학을 1224년에 창설했다. 팔레르모의 궁정에 수학자인 피보나치와 점성술사인 마이클 스콧을 초빙하는 등 학문에 힘을 쏟았다.

로마 교황은 과학적 사고방식을 지닌 프리드리히 2세를 '신을 믿지 않는 자'라며 혐오했고, 이것을 훗날 프리드리히 2세를 파문하는 이유 중 하나로 삼았다.

독일에 흥미가 없는 독일 왕

프리드리히 2세는 신성 로마 황제이면서 독일 왕이기도 했지만 생애의 대부분을 이탈리아에서 보냈으며, 독일에 머문 기간은 9년 정도밖에 안 된다.

사실 오토 1세 이후의 황제는 독일보다 이탈리아 통치(이탈리아 정책)에 힘을 쏟았다. 가령 할아버지인 프리드리히 1세는 이탈리아반도의 지배를 목적으로 수차례 원정을 떠났지만 실패했다. 북이탈리아의 도시들이 롬바르디아 동맹을 맺고 교황 알렉산데르 3세와 함께 저항했기 때문이다. 그 결과 신성 로마 제국은 북이탈리아 도시 국가들의 자치를 인정하게 된다.

프리드리히 2세도 전임 황제들이 그러했듯 독일의 통치는 아들인 하인리히에게 맡겼다. 그런데 봉건적으로 통제받고 있던 성직자와 귀족 같은 제후들이 불만을 품자 프리드리히 2세는 제후들과 '성계(聖界) 제후와의 협약', '제후의 이익을 위한 협약'을 맺는다. 이렇게 해서 화폐 주조권과 관세 징수권, 재판권 등 본래는 왕이 가지고 있었던 특권이 제후들에게 부여됨에 따라 제후의 집합체로 구성되는 신성 로마 제국의 영방(領邦) 국가화가 진행된다.

프리드리히 2세가 이렇게 하면서까지 이탈리아 정책을 추진한 이유는 이탈리아를 통일한 뒤 지중해 제국의 완성을 꿈꿨기 때문이었다. 그 움직임은 제5차 십자군 이후 본격화된다.

너무 재밌어서 잠 못 드는
황제의 세계사

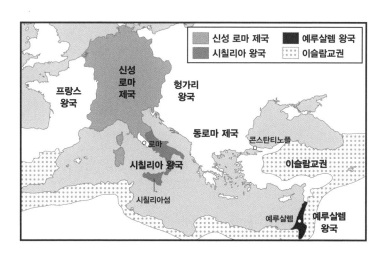

| 신성 로마 제국 | 예루살렘 왕국 |
| 시칠리아 왕국 | 이슬람교권 |

프랑스 왕국 / 신성 로마 제국 / 헝가리 왕국 / 동로마 제국 / 로마 / 콘스탄티노플 / 이슬람교권 / 시칠리아 왕국 / 시칠리아섬 / 예루살렘 / 예루살렘 왕국

프리드리히 2세 치하의 신성 로마 제국　　신성 로마 제국을 비롯한 서유럽 국가들은 성지 예루살렘을 탈환하기 위해 십자군을 편성해서 이슬람 세력권을 침공하고 있었다.

성지를 평화적으로 탈환하다

프리드리히 2세와 교황 호노리오 3세의 관계도 좋지 않았다. 프리드리히 2세가 예루살렘을 탈환하기 위한 십자군을 파견하기로 해 놓고서 실행하지 않았던 것이 원인이었다. 이에 대해서는 프리드리히 2세가 이슬람 사회와의 관계를 고려해 의도적으로 움직이지 않았다는 이야기도 전해진다.

그때까지의 십자군을 되돌아보면, 제1차는 1096년에 프랑스의 제후들을 중심으로 파견되어 이슬람 세력으로부터 예루살렘을 탈환하고 예루살렘 왕국을 건국하는 등의 성공을 거뒀다. 그러나 이어진 제2차 십자군은 실패로 끝난다. 제3차 십자군은 프리드리히 2세의 할아버지인 신성 로마 황제 프리드리히 1세와 잉글랜드 왕 리처드 1세, 프랑스 왕 필리프 2세 등 당대의 군주들이 참가했다. 그러나 프리드리히 1세가 원정 도중에 사고로 세상을 떠나고 아이유브 왕조를 창시한 살라딘이 매섭게 반격함에 따라 별다른 성과를 내지 못했고, 결국 리처드 1세는 살라딘과 강화 조약을 맺었다. 그리고 목적이 변질된 제4차 십자군은 예루살렘에 당도조차 하지 못했으며, 제5차 십자군도 예루살렘의 탈환에는 성공하지 못했다. 요컨대 제1차 십자군 이후로는 실패의 연속이었던 것이다.

호노리오 3세가 세상을 떠난 뒤 새로 교황이 된 그레고리오 9세에게 파문을 당하자 프리드리히 2세는 행동을 시작했다. 이것이 제6차 십자군이다.°

한편 예루살렘을 지배하고 있던 아이유브 왕조는 후계자 문제로 내분에 빠져 있었다. 1228년, 프리드리히 2세가 이끄는 제6차 십자군은 현재의 시리아, 예루살렘의 북서쪽에 위치한 아콘에 상륙했다. 그곳에서 프리드리히 2세는 예루살렘을 통치하는 아이유브 왕

°   원서에는 제5차 십자군으로 나오는데, 제5차 십자군은 파문 전에 있었고, 파문 후 아이유브 왕조와 협상해서 예루살렘을 탈환한 것은 제6차 십자군이다. 그래서 원서에는 없는 제5차 십자군의 설명을 임의로 추가했다.

조의 술탄 알 카밀과 편지를 주고받는다. 이는 처음에 알 카밀이 프리드리히 2세의 인품을 살펴보고자 편지를 보낸 것이 계기였다. 아라비아어를 구사하고 이슬람 문화를 이해하는 프리드리히 2세에 대한 신뢰가 깊어진 알 카밀은 평화 조약에 합의한다. 이 '야파 협정'을 통해 예루살렘에서 크리스트교도와 이슬람교도가 공존할 수 있게 되었으며, 1229년부터 10년 기한으로 예루살렘이 크리스트교도에게 반환되었다. 이 협정에는 이슬람 측의 성지인 '알 하람 알 샤리프'를 침범해서는 안 된다는, 이슬람교도를 배려한 조항도 포함되어 있었다. 프리드리히 2세는 피를 흘리지 않고 교섭만으로 원정을 성공시킨 것이다.

1222년에 콘스탄스와 사별하고 예루살렘 왕녀 이사벨 2세와 재혼한 프리드리히 2세는 예루살렘 성에 입성해 예루살렘 왕의 자리에 오른다.

후계자의 반란과 두 차례의 파문

그런데 이 역사적인 평화 조약은 양쪽 교도 모두에게 좋은 평가를 받지 못했다. 예루살렘이 있었던 성 요한 기사단(몰타 기사단)과 예루살렘 총대주교가 프리드리히 2세를 적대했을 뿐만 아니라 로마 교황 그레고리오 9세가 시칠리아 왕국으로 병사를 파견했다. 그래

프리드리히 2세

서 프리드리히 2세는 급히 시칠리아로 돌아가 로마 교황군을 격퇴해야 했다.

고난은 여기에서 끝이 아니었다. 아라곤 왕녀 콘스탄스와의 사이에서 낳은 아들이자 독일 왕인 하인리히 7세가 1234년에 로마 교황과 롬바르디아 동맹의 지원을 받아 봉기한 것이다. 특권을 부여받아 왕의 말을 듣지 않는 독일 제후들의 횡포와 이를 허용한 아버지에 대한 불만이 커졌던 것이 원인이었다. 그러나 자신의 편을 들어주는 독일 제후가 없었던 하인리히 7세는 프리드리히 2세에게 진압당했고, 호송 도중에 자결했다. 기세를 탄 프리드리히 2세는 이탈리아의 도시들을 공격해 1237년에 코르테누오보 전투에서 롬바르디아 동맹군을 격파했는데, 이 때문에 당시의 교황 인노켄티우스 4세가 두 번째 파문과 황제 폐위를 선언했다. 그래도 프리드리히 2세는 철저 항전의 태세를 보였고, 전황은 프리드리히 2세에게 유리하게 돌아갔다.

그런데 로마 교황과의 분쟁이 계속되던 1250년에 프리드리히 2세가 세상을 떠났다. 너무나 갑작스러운 죽음이었기 때문에 민중은 그의 죽음을 믿지 않았다고 한다. 그 후 프리드리히 2세와 예루살렘 왕녀 이사벨 2세의 아들 콘라트 4세가 신성 로마 제국을 계승했지만 그도 1254년에 병으로 세상을 떠난다. 이것으로 호엔슈타우펜 왕조는 단절되었고, 이후 약 20년 동안 신성 로마 황제의 자리가 사실상 공석이 되는 '대공위 시대(大空位時代)'가 도래한다.

이탈리아에 집착한 탓에 독일의 영방 국가화를 초래했다고는 하지만, 프리드리히 2세는 크리스트교가 절대적이었던 시대에 다른 문화도 인정하는 합리적인 사고방식을 갖췄기에 이슬람교 국가와의 화평을 실현할 수 있었다.

17. 쿠빌라이 칸

생몰년: 1215년~1294년
재위: 1271년~1294년(원의 황제로서)
국가: 원

지구에서 최고 넓은 땅을 가진
부동산 부자

몽골고원의 유목민을 통일하고 당대에 유라시아 대륙의 대부분을 지배하는 대제국을 건설한 칭기즈 칸. 그의 손자인 쿠빌라이도 할아버지의 패업을 이어받아 동아시아와 동남아시아 원정을 적극적으로 실시했다.

어떤 이들에게 쿠빌라이는 '침략자'라는 인상이 강할 수도 있겠다. 그러나 원(元) 왕조의 번영을 살펴보면 그런 이미지는 쿠빌라이의 일면에 불과함을 알 수 있다.

전 세계 육지 20퍼센트 이상을 차지한 국가

원의 일본 원정은 일본이 최초로 경험한 이국의 대규모 침략이었다. 일본으로서는 한 번도 겪어 본 적이 없는 국난이었지만, 군대를 파견한 원의 쿠빌라이 칸에게는 장대한 국가 구상을 실현하기 위한 국지전 중 하나에 불과했다.

쿠빌라이는 원의 초대 황제이며 동시에 몽골 제국의 제5대 황제다. 몽골 제국은 동아시아는 물론이고 중동과 동유럽까지 세력을 확대해 한때는 전 세계 육지의 20퍼센트 이상을 지배하기도 했다. 인류의 역사에서 이보다 넓은 영토를 가졌던 제국은 해외에 수많은 식민지를 소유했던 대영 제국밖에 없다.

몽골 제국의 최전성기를 가져온 황제는 쿠빌라이지만, 그가 황제로 즉위한 시점에 제국은 이미 당시 사상 최대의 영토를 자랑하고 있었다. 원의 융성은 일족이 쌓아 올린 토대 위에서 구축되었다고 할 수 있을 것이다.

현재 몽골이 있는 몽골고원은 오래전부터 유목민이 사는 토지였다. 진(秦)과 전한을 위협했던 흉노도 유목민이며, 당에 멸망당한 돌궐은 튀르크 계통 유목민의 연합 국가였다. 국가라고는 해도 유목민은 정착 생활을 하지 않으므로 지배 영역은 정해져 있지 않았다. 돌궐 이후에는 역시 튀르크 계통의 위구르나 키르기스, 거란족의 요(遼), 여진족의 금(金) 등이 몽골고원의 남부를 지배했다. 한편 몽골고원의 북부에서는 통일 국가가 나타나지 않고 몽골족과 튀르크족 등 여러 부족이 싸우고 있었다.

몽골 제국 초대 황제인 칭기즈 칸은 몽골족의 유력 씨족인 키야트 보르지긴 씨족의 족장 예수게이의 큰아들로, 본명은 테무친이다. 예수게이가 적대 씨족에 독살당하고 한때 라이벌 씨족의 포로가 되는 위기를 겪으면서도 점차 두각을 나타낸 테무친은 타타르, 케레이트, 나이만 등의 부족들을 제압하고 1204년에 마침내 몽골 부족의 통일을 달성했다.

개편한 군사 제도로 대륙을 누비다

1026년, 테무친은 쿠릴타이라는 부족장 회의에서 왕을 의미하는 '칸(汗)'으로 추대되어 칭기즈 칸이 된다. 오늘날에는 이 즉위를 몽골 제국의 성립으로 본다. 몽골 제국은 '이케 몽골 울루스'를 번역한 것으로, 울루스는 '사람들의 모임'이라는 뜻이다.

칭기즈 칸은 부족 재편에 나서서 '천호제(千戶制)'를 도입한다. 천호는 병사 1000명을 공출하는 것을 기준으로 편성한 집단이다. 천호는 백호 10개, 백호는 십호 10개로 구성되며, 유력 부족의 씨족이나 칭기즈 칸의 공신이 천호장으로 임명되었다.

새로 편성된 강대한 군사력을 배경으로 칭기즈 칸은 먼저 남쪽의 서하(西夏)와 금을 공략해 황하 이북 지역을 손에 넣는다. 한편 서쪽에는 통상을 요구하고 호라즘 샤 왕조에 상단을 파견한다. 그러나 호라즘 샤 왕조는 이 상단을 스파이로 간주해 살해했고, 그 보복으로 칭기즈 칸은 서방 원정을 시작한다. 1219년, 칭기즈 칸은 직접 20만 대군을 이끌고 진군해 순식간에 호라즘 샤 왕조를 제압한다. 여기에 기세를 탄 몽골군은 현재의 러시아 남부에도 손을 뻗어 유라시아 대륙의 대부분을 손에 넣는다.

독립에 대한 열망을 키우는 후예

서방 원정을 끝낸 칭기즈 칸은 다시 서하 침공을 시작했지만 1227년에 진지에서 병사하고 셋째 아들인 오고타이가 제2대 황제가 된다. 오고타이는 즉위하면서 황제를 의미하는 '카간(可汗)'이라는 칭호를 새로 창설했고, 이후 영지의 왕인 칸과 그 위에 군림하는 카간이 명확히 구별된다.

오늘날에는 편의상 칭기즈 칸을 몽골 제국의 초대 황제라고 부르지만, 실제로 황제를 칭한 것은 오고타이부터였다. 그 후 황제의 자리는 오고타이의 큰아들인 귀위크, 칭기즈 칸의 넷째 아들인 툴루이의 큰아들 몽케에게로 계승된다. 그리고 툴루이의 둘째 아들이며 몽케의 동생이 쿠빌라이다.

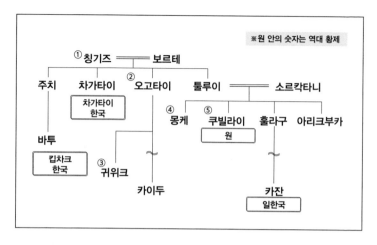

| 칭기즈 칸 일족의 계보

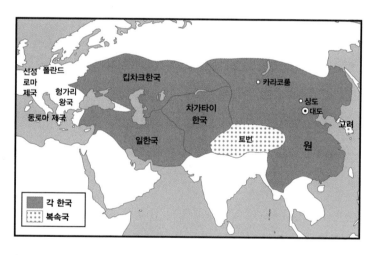

몽골 제국의 영토　　칭기즈 칸부터 세서 5대째 칸인 쿠빌라이 칸 시대의 몽골 제국은 종주국인 원과 세 한국으로 구성되어 있었다.

쿠빌라이는 몽케의 밑에서 중국 대륙을 제압하는 임무를 맡아 현재의 윈난성에 있었던 대리국을 항복시켰다. 그 후 몽케와 함께 남송을 공략하다 몽케가 급사하자 황위를 둘러싸고 막냇동생 아리크부카와 싸웠고, 여기에서 승리해 1260년에 제5대 황제가 된다.

이 형제 싸움은 몽골 제국을 구성하는 '한국'에 커다란 동요를 불러왔다. 한국은 칭기즈 칸 아들들의 일족이 각자 할당받은 영지에 세운 나라다. 구체적으로는 큰아들 주치의 일족이 '킵차크한국', 둘째 아들 차가타이의 일족이 '차가타이한국', 넷째 아들 툴루이의 일족이 '일한국'의 왕이 되었고, 그들 위에 군림하는 존재로서 몽골 제국이 있었다. 왕 중에는 쿠빌라이의 즉위에 반대하는 이도 많아서, 1260년경부터 시작된 카이두의 반란을 계기로 각 한국은 몽골 제국으로부터 반쯤 독립한 존재가 된다. 다만 종주국이 몽골 제국(그리고 원 왕조)임에는 변함이 없어서, 당시의 몽골 제국은 이들 한국과 느슨한 연합체였다고 볼 수 있다.

쿠빌라이가 그린 원의 국가상

1271년, 쿠빌라이는 이미 중국 대륙의 대부분을 지배하고 있었던 몽골 제국의 국호를 원(대원)으로 바꿨다. 다만 이것은 한국을 포함한 몽골 제국이 그대로 원이 된 것이 아니라 어디까지나 종주국

쿠빌라이 칸

인 몽골 울루스가 이름을 바꾼 것일 뿐이다. 그래서 오늘날에는 원이 아니라 '대원 울루스'라고 부르기도 한다.

원의 유래는 고대 중국의 서적 『역경(주역)』의 한 구절인 '대재건원 만물자시(大哉乾元 萬物資始: 위대하구나, 하늘의 으뜸이여. 만물은 이것에서 시작되니)'로, 원에는 '하늘'이라는 의미가 있다. 그때까지 중국의 황제는 시조가 처음으로 다스렸던 토지의 이름을 국호로 삼았는데, 원은 그 관례를 따르지 않고 고전에서 국호를 따온 최초의 사례였다.

원이 기존의 중국 통일 왕조와 다른 점은 한족이 아닌 민족이 건국한 정복 왕조라는 점이다. 참고로 통일 왕조 이외의 나라까지 포함하면 거란족의 요, 여진족의 금 등도 정복 왕조다. 이들 왕조는 시간이 지나면서 한족의 문화 등을 받아들였는데 원도 예외가 아니어서, 쿠빌라이는 한화 정책을 차례차례 실행에 옮겼다.

먼저, 중앙에는 중서성(행정), 추밀원(군사), 어사대(감찰) 세 계통으로 구성된 통치 조직을 설치했다. 중서성에는 실무 기관인 이(吏), 호(戶), 예(禮), 병(兵), 형(刑), 공(工)의 6부가 있다. 또한 지방에서는 노(路), 부(府), 주(州), 현(縣)으로 구성되는 주현제를 정비하고, 중앙에서 파견한 기관으로 11개 혹은 12개의 행중서성(행성)을 설치했다. 현재 중국의 행정 구획인 '성'은 이 행성에서 유래한 것으로, 원 시대의 유산이라고 볼 수 있다.

또한 쿠빌라이는 몽골고원의 카라코룸에 있었던 제국의 수도를 몽골고원 남부의 상도와 도시부의 대도로 옮겼다. 상도는 여름철,

너무 재밌어서 잠 못 드는
황제의 세계사

대도는 겨울철의 수도로서 기능했는데, 그중에서도 원의 정치 경제의 중추가 된 대도는 눈부신 발전을 이룩해 현재 베이징의 전신이 되었다. 그리고 여기에서 쿠빌라이가 어떤 국가상을 그렸는지 엿볼 수 있다. 여름에는 목초 지대에서 기마병을 조련하고 겨울에는 국력 증강에 힘쓴다. 즉, 유목민의 군사력과 중국 대륙의 경제력 융합이 쿠빌라이의 노림수였다고 할 수 있을 것이다.

색목인을 중용해 상권을 확립하다

정복 왕조인 원의 국민은 민족과 출신지 등에 따라 주로 다음의 네 부류로 구분되었다. 몽골족이나 튀르크족 등의 유목민으로 구성된 '몽골인', 이슬람권 사람들과 유럽인으로 구성된 '색목인', 과거에 금의 영민(領民)이었던 '한인', 그리고 마지막까지 쿠빌라이의 침공에 저항하다가 1279년에 멸망한 남송의 영민으로 구성된 '남인'이다. 그중에서도 색목인의 중용은 원의 커다란 특색이라고 할 수 있다. 고원의 몽골족에게 타민족과의 교역은 중요한 생활 기반이기 때문에 칭기즈 칸 시대부터 무슬림 상인을 통해 서방과 적극적으로 교역을 실시해 왔다. 쿠빌라이 시대에는 오르토크라고 부르는 무슬림 상인 조직이 정부에 편입되어 아흐마드나 상가 같은 재무장관 밑에서 무역이나 고리대금, 징세 등의 업무에 종사했다.

한국을 포함한 몽골 제국 내의 육상 교통망 정비는 오고타이의 시대부터 본격화되어, 20~40킬로미터마다 역마 수천 마리를 보유한 역참이 설치되었다. 쿠빌라이는 육상 교통뿐만 아니라 해운에도 힘을 쏟았다. 그 결과 항주와 천주, 광주 등의 항만 도시가 발전했는데 특히 천주는 동중국해, 남중국해, 인도양, 홍해를 거쳐 지중해에 이르는 '바다의 실크로드' 거점이 되었다. 또한 내륙부인 대도에 적수담(현재의 스차하이)이라고 부르는 하천항을 건설해서 대도를 물류의 종착점으로 만드는 광대한 상업권(商業圈)을 확립했다.

국내 경제 정책으로는 '교초(交鈔)'의 발행도 주목할 만한 부분이다. 이것은 송 시대부터 도입되었던 지폐로, 쿠빌라이는 1260년부터 국내 유일의 법정 통화로서 중통원보교초(中統元寶交抄)를 발행한다. 처음에는 은과의 태환 지폐였지만 이윽고 신용 결제도 실시되면서 국내에 널리 유통되었다.

방대한 수의 민중을 통치하려면 교역의 규모를 키워서 나라를 살찌울 필요가 있으므로 쿠빌라이가 이런 중상주의를 국가의 방침으로 삼은 것은 자명한 이치라고 할 수 있다. 또한 이민족을 관료로 기용한 것은 기존의 중국 왕조에서는 볼 수 없었던 사례로서 쿠빌라이의 우수한 국제 감각을 여실히 보여준다.

외교 쪽으로 눈을 돌리면, 원과 서쪽 한국의 연결이 약해진 탓도 있어서 타국에 대한 침공은 동아시아와 동남아시아에 국한되었다. 쿠빌라이는 1279년에 남송을 멸망시키고 이와 병행해 일본으로도

너무 재밌어서 잠 못 드는
황제의 세계사

군대를 보냈다. 일본 원정이 실패한 뒤에는 베트남의 참파 왕국과 쩐(陳) 왕조, 미얀마의 파간 왕조, 자바섬의 싱가사리 왕조 등에 군대를 파견했지만 정복에 성공한 것은 파간 왕조뿐이었다.

애초에 동남아시아 원정은 정복보다는 새로운 교역로의 개척이 주목적이었던 것으로도 생각된다. 현재의 동남아시아에 이슬람 국가가 많은 것은 원 시대의 무슬림 상인이 이 땅까지 진출했기 때문이다.

짧지만 강렬했던 원의 중국 대륙 지배

1294년, 쿠빌라이는 당시로써는 이례적인 장수라고 할 수 있는 79세에 세상을 떠났다. 쿠빌라이는 생전에 다양한 한화 정책을 도입했지만, 법치에 관해서는 기존의 율령제를 폐지하고 몽골족의 관습을 체계화하지도 않은 채 국내법으로 운용했다. 황위 계승도 여전히 쿠릴타이로 정했으며, 그 결과 일족 사이에서 황위를 둘러싼 권력 싸움이 벌어지게 된다.

정부 내에서는 관료의 부정이 횡행했고, 이것이 궁중의 사치스러운 생활과 맞물려 재정의 압박을 초래했다. 그래서 정부는 이를 타개하기 위해 교초를 마구 발행했는데, 이 때문에 급격한 인플레이션이 일어났다. 게다가 국내에서 발생한 기근과 대대적인 흑사병의 유행도 사회 불안에 박차를 가했다. 민중의 불만은 반란이라는 형태로 나타나 1351년에 백련교도가 홍건의 난을 일으켰으며, 지도자 중 1명이었던 주원장이 원을 북쪽으로 쫓아냈다. 그 후 원은 몽골고원에서 '북원(北元)'으로 존속하다가 청의 시대인 1635년에 완전히 멸망한다.

원이 중국 대륙을 지배했던 시기는 불과 97년이며, 쿠빌라이가 통치했던 기간은 23년에 불과하다. 그러나 원은 이 짧은 기간에 세계의 중심이 되었으며 대도는 세계의 수도가 되었다. 칭기즈 칸이 품었던 세계 제패의 야망을 손자인 쿠빌라이가 이루었다고 할 수 있을 것이다.

18。영락제

생몰년: 1360년~1424년
재위: 1402년~1424년
국가: 명

중국 최고의 랜드마크,
자금성을 내 손으로

원을 대신해 중국 대륙을 통치한 명(明)은 약 100년 만에 탄생한 한
족 왕조다. 영락제는 아버지의 독재 체제를 답습하면서도 독자적인
정책을 실천해 명의 최전성기를 이끌어 냈다.

인근 국가들은 직접 군대를 이끌고 침공했고, 멀리 떨어진 나라에는
사절을 파견해 조공국을 늘려 나갔다. 특히 해외 원정은 전에 없던
규모로 이루어졌다. 영락제가 지향한 중국 왕조의 바람직한 모습은
어떤 것이었을까?

한족의 소망을 이루다

청 왕조가 멸망하기까지 황궁으로 사용되었고 현재는 베이징의 랜드마크로 불리기도 하는 자금성(일부는 고궁 박물관)은 명 왕조의 제3대 황제인 영락제가 조영해 1420년에 완성한 것이다. 그전까지 북평(北平)이었던 지명이 북경(베이징)으로 바뀐 것도 이때로, 오늘날의 베이징의 원형은 영락제가 만들었다고 할 수 있다.

영락제는 아직 원 왕조가 중국 대륙을 지배하고 있던 1360년에 태어났다. 원은 몽골족이 연 정복 왕조였기 때문에 압정에 시달렸던 한족에게 한족 왕조의 부활은 그야말로 비원이었다. 이 비원은 중화사상(中華思想) 혹은 화이질서(華夷秩序)라고 부르는 전통적인 사고방식에 기반을 두고 있다. 고대부터 한족은 자신들의 왕조야말로 세계의 중심(중화)이라고 규정했으며, 주변의 이민족을 문화 수준이 낮은 오랑캐(夷狄)로 간주하고 방향에 따라 동이(東夷), 북적(北狄), 서융(西戎), 남만(南蠻)으로 분류했다. 그리고 미개한 이민족들이 중국 대륙의 정점에 있는 한족 황제를 종주(宗主)로 한다는 사고방식이 바로 화이질서인데, 이것을 중세에 확립한 인물이 바로 영락제다.

조카와 싸운 끝에 손에 넣은 황위

영락제의 아버지인 주원장(훗날의 홍무제)은 농민에서 황제의 자리까지 오른 인물이다. 기나긴 중국의 역사에서도 농민에서 황제가 된 사람은 전한의 유방(고조)과 주원장뿐이다. 게다가 유방이 비교적 유복한 집안 출신이었던 데 비해 주원장은 빈농 출신이었으며, 젊은 시절에는 탁발승이 되어 생계를 꾸려나갔다는 이야기도 전해진다.

1351년에 백련교(불교의 일파)가 일으킨 홍건의 난에 참가한 주원장은 점차 두각을 나타내 반란군의 지도자 중 1명이 된다. 그리고 원을 북쪽으로 몰아낸 뒤 본거지였던 응천부(현재의 난징)에서 명을 건국하고 홍무제로 즉위한다. '명'이라는 국호는 백련교의 기원 중 하나로 여겨지는 마니교의 별칭 '명교(明敎)'에서 유래했다는 이야기도 있다.

홍무제는 시의심이 매우 강해서, 31년의 황제 재위 동안 수만 명에 이르는 가신과 그들의 일족을 모반 혐의 등으로 처형했다. 한편 자신의 피를 이은 자식들은 크게 신뢰해 아들 26명 중 25명을 국내 각지의 왕으로 봉했다. 국방의 측면에서 특히 중요했던 곳은 북원(원 왕조의 후신) 등 몽골과의 최전선인 연(燕)이었는데, 홍무제는 자기 아들 중에서도 특히 무용이 뛰어났던 넷째 아들 체를 연왕에 봉했다. 그가 바로 훗날의 영락제다.

황태자였던 큰아들 표는 아버지보다 먼저 죽었기 때문에 홍무제가 세상을 떠난 뒤에는 표의 둘째 아들인 윤문이 건문제로서 즉위했다. 그러나 아직 어렸던 까닭에 정치의 실권은 측근들이 쥐고 있었다. 국내 각지에 봉해진 왕들은 유사시에 건문제를 지키는 역할도 맡고 있었지만, 궁중의 중신들이 볼 때는 황제의 자리를 위협하는 위험인물들이었다. 이렇게 해서 홍무제가 세상을 떠난 직후부터 명의 혼란이 시작되어 주왕, 민왕, 제왕 등 건문제의 숙부들이 차례차례 축출되었다. 이에 언젠가는 자신의 차례가 오리라고 확신한 연왕은 1399년에 선수를 치는 형태로 거병한다. 다만 명목은 어디까지나 궁중에 만연한 간신들을 배제한다는 것이었다. 요컨대 '황실의 난(難)을 다스리기(靖)' 위한 거병으로, 그래서 이 난을 '정난(靖難)의 변'이라고 부른다.

건문제는 병사의 수를 포함한 물량의 측면에서 압도적으로 우위에 있었지만 연왕에게 패하고 만다. 홍무제의 숙청으로 믿을 만한 가신이 없었던 것도 그 요인 중 하나였다. 건문제는 불길에 휩싸인 궁전에서 자결했다고 전해진다. 이렇게 해서 연왕은 황제로 즉위해 영락제가 되었다.

황제를 뒷받침한 내각대학사와 환관

황제의 자리에 오른 영락제가 처음으로 착수한 것은 아버지와 마찬가지로 숙청이었다. 건문제를 섬겼던 고명한 유학자 방효유는 즉위 조서를 쓰라는 영락제의 요구를 완강히 거부했는데, 이에 격노한 영락제는 방효유 본인은 물론이고 그의 일족과 문하생 873명을 모두 처형했다. 이 사건은 아버지 못지않은 영락제의 과격한 성격을 잘 보여준다고 할 수 있다.

생전의 홍무제는 원 시대에 행정·군사의 최고 기관이었던 중서성과 대도독부, 그 장관에 해당하는 승상을 폐지하고 관련 관청을 황제 직할로 만들었다. 그 목적은 독재 체제의 강화였는데, 영락제도 그 방침을 계승한다. 다만 방대한 수의 정치 안건을 혼자서 결재하기는 어렵기 때문에 영락제는 관료 7명을 보좌관으로 등용했다. 그들을 '내각대학사'라고 부르며, 오늘날 일본 등에서 실시되고 있는 내각 제도의 기원이 되었다.

아울러 영락제는 아버지의 대에 정치로부터 멀어져 있었던 환관을 중용했다. 정난의 변에서 영락제가 승리할 수 있었던 이유 중 하나는 궁중의 환관들에게서 받은 정보였는데, 그들의 유용성에 주목한 영락제는 군대·관료의 감시와 외교 사절 등 정책 결정과는 관련이 없는 범위에서 환관을 기용했다. 그러나 시간이 흐름에 따라 환관의 발언권이 점점 커졌고, 이것은 명 시대 말기에 이르러 내각

너무 재밌어서 잠 못 드는
황제의 세계사

대학사와의 대립을 초래하게 된다.

책봉 체제를 확대해 동아시아 맹주의 입지를 굳히다

영락제는 영토를 확장하겠다는 야심이 매우 컸다. 그래서 1410년부터 1424년에 병사하기 직전까지 다섯 차례에 걸쳐 북방의 몽골에 직접 정벌을 감행했다. 중국 역사상 몽골고원에 발을 들여놓은 한족 황제는 영락제가 유일하다.

인접한 국가에는 침략이라는 수단을 사용하는 한편, 동남아시아나 서아시아 등 멀리 떨어진 나라에는 환관을 파견해 조공을 압박했다. 조공을 받는 대신 그 나라 군주의 통치권을 인정하는 '책봉 체제'는 화이질서의 구체적인 형태라고 볼 수 있다.

일본과의 사이에서 실시되었던 명일 무역(감합 무역)도 조공 형식의 무역이었다. 황위 찬탈에 찜찜함을 느끼고 있었던 영락제는 일본으로부터 황제 지위를 인정받은 것에 기뻐해 무로마치 막부 제3대 쇼군인 아시카가 요시미쓰에게 일본국왕지인(日本國王之印)과 명과의 교역을 허가하는 감합(勘合) 무역을 하사했다. 또한 요시미쓰가 세상을 떠났을 때는 조문 사절을 일본에 파견하고 '공헌왕'이라는 시호도 선물했다. 또한 홍무제와 영락제의 이름을 딴 화폐 홍무통보(洪武通寶)와 영락통보(永樂通寶)는 감합 무역을 통해서 일본에 수

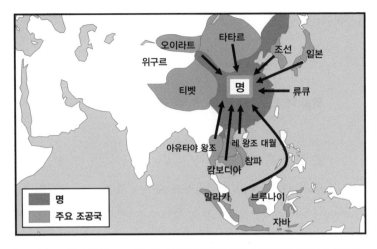

명에 조공했던 주변국 영락제는 주변의 나라들과 조공 무역을 실시함으로써 책봉 체제를 확립하고 동아시아의 맹주로서 위세를 떨쳤다.

입되어 무로마치 시대의 화폐 경제 발전에 기여했다.

그런데 영락제는 조공 무역의 확대를 지향하는 한편으로 홍무제의 해금(海禁) 정책을 계승해 자국민의 해외 도항과 사무역을 금지했다. 그래서 당시의 동중국해는 해적인 왜구의 밀무역이 횡행했는데, 감합 무역에는 왜구를 배제한다는 목적도 있었다. 왜구(倭寇)라고는 하지만 그중에는 한족이 다수 있었으며, 그들은 동남아시아로 이주해 밀무역을 계속했다. 이들이 화교의 기원 중 하나로 생각되고 있다. 북쪽의 몽골과 남쪽의 왜구를 합쳐서 북로남왜(北虜南倭)라고 하며, 이것은 영락제가 세상을 떠난 뒤에도 계속 명의 황제들을

너무 재밌어서 잠 못 드는
황제의 세계사

괴롭힌 문제였다.

시대를 앞섰던 대항해 원정

영락제의 대외 정책 중에서도 특히 큰 업적으로 알려진 것이 정화의 남해 원정이다. 정화는 정난의 변 당시 공을 세웠던 환관으로, 쿠빌라이를 섬겼던 색목인을 조상으로 둔 무슬림이다. 요컨대 이슬람 국가가 많은 서쪽으로 향하는 임무를 맡기기에 안성맞춤인 인물이었다고 할 수 있다.

명의 국위 선양과 조공 무역의 확대가 목적이었던 남해 원정은 1405년부터 1433년까지 7차례에 걸쳐 실시되었다. 제1차 원정에서는 태창현의 유가항을 출발해 인도차이나반도 동해안, 자바섬, 수마트라섬, 실론섬을 거쳐 인도 서해안의 코지코드(캘리컷)에 도착했다. 또한 제4차 원정에서는 분견대가 페르시아만 연안의 호르무즈와 아프리카 대륙 동해안의 항구 도시 말린디에도 상륙했다. 정화의 함대에 승선해서 명으로 건너간 말린디의 사절은 영락제에게 기린을 헌상했다. 중국에는 덕이 높은 위정자가 출현할 때 그 전조로 기린(麒麟)이 나타난다는 전설이 있는데, 그림 속의 기린과 모습이 닮았기 때문에 사람들은 이 동물이야말로 전설 속의 기린이라고 생각했다. 명의 민중은 전설 속의 영수(靈獸)가 실제로 존재한다는 데 놀랐고, 영락제도 크게 기뻐했다고 한다.

이른바 '대항해 시대'의 시작은 15세기 중반으로 생각되고 있으며, 포르투갈인 탐험가 바스쿠 다가마가 1498년에 인도 항로를 개척한 것은 세계사적 위업으로 알려져 있다. 다만 이것은 어디까지나 유럽인의 시점이며, 인도를 경유해서 아프리카 대륙에 건너간 정화의 원정은 훗날의 대항해 시대를 앞선 업적이었다고 할 수 있다.

정화가 이끈 함대는 크고 작은 배 200척으로 구성되었으며, 항해 1회당 승무원의 수는 3만 명에 이르렀다. 상대 국가가 조공을 거부할 경우 즉시 무력행사에 들어갈 수 있도록 병사들도 타고 있었는데, 제1차 원정에서는 말라카 술탄의 요청으로 해협에서 활동하는 해적을 토벌하기도 했다. 서양과 동양을 연결하는 항로의 요충지인 말라카 해협의 치안을 향상함으로써 유럽 국가들의 동아시아 진출이 촉진된 것이다.

화이질서가 가져온 재정난

정력적으로 대외 정책을 펼친 결과 명의 조공국은 홍무제 시대의 17개국에서 30여 개국으로 증가했다. 영락제가 지향했던 화이질서가 확립되었다고 할 수 있지만, 그 대가로 명의 재정은 큰 압박을 받게 된다. 애초에 봉건 제도의 목적은 종주국 황제의 권위를 높이기 위한 것이지 이익을 내는 것이 아니다. 헌상물보다 가치가 몇 배는 높은 물품을 조공국에 하사해야 해서 명으로서는 손해가 막심한 무역이었다. 그래서 영락제가 세상을 떠난 뒤에는 봉건 체제의 규모를 축소해야 했다.

16세기 말이 되자 만력삼대정(萬曆三大征)이라고 통틀어서 일컫는 보바이의 난, 만력동정(임진왜란·정유재란), 양응룡의 난이 잇달아 일어나면서 명의 재정은 악화 일로를 걸었다. 여기에 정부 안에서는 학자 파벌인 동림당과 환관의 대립이 격화되어 민중에 대한 정부의 구심력이 눈에 띄게 저하되었다. 그 결과 관리 출신인 이자성이 지휘하는 동민군의 반란이 일어나고, 1644년에 제17대 황제 숭정제가 자결하면서 명은 276년 역사의 막을 내린다.

영락제 사후의 명은 강력한 리더십을 발휘한 황제가 없었던 탓도 있어서 서서히 쇠퇴해 갔지만, 아시아의 맹주였다는 사실에는 변함이 없다. 이러한 지위를 확고하게 만들고 화이질서를 확립한 영락제의 업적은 중세 아시아의 역사 속에서도 찬란한 빛을 발하고 있다.

생몰년: 1494년~1566년
재위: 1520년~1566년
국가: 오스만 제국

포용의 용광로로
전승기를 만들다

중세 후기, 지중해와 인도양 양쪽과 접한 서아시아의 주도권은 아랍족에서 튀르크족으로 넘어간다. 오스만 제국은 동로마 제국이 만든 국제도시 콘스탄티노플(현재의 이스탄불)을 이어받아 북아프리카부터 동유럽, 아라비아반도까지 지배하게 된다.

그 최전성기를 구축한 제10대 황제 술레이만 1세는 치세에 크리스트교도와 유대교도를 보호하고 국경이나 민족에 상관없이 인재를 활용함으로써 다문화가 공존하는 제국을 만들어 냈다.

중앙아시아부터 중동 전역까지 제패한 오스만 제국

이슬람 문화권의 국가라고 하면 주로 중동 국가들을 떠올리는 사람이 많겠지만 현재의 그리스, 불가리아, 루마니아, 세르비아 등에도 16~18세기에 만들어진 이슬람 건축이 다수 남아 있다. 오스만 제국의 술레이만 1세는 이 시대를 상징하는 군주 중 1명이다.

튀르크족은 원래 중앙아시아 출신으로, 같은 중동 유목민이면서도 남쪽의 아라비아반도 출신인 아랍족과는 언어 체계가 다르다. 인종적인 기원도 동아시아 계통에 가까워서, 6~7세기경 몽골고원 주변에 존재했던 돌궐은 튀르크인의 나라였다. 현재 중국 내륙에 사는 위구르인도 튀르크 계통의 민족이다.

오스만 제국의 중심지가 된 아나톨리아 지방에서는 11세기에 튀르크족인 토그릴 베그가 아바스 왕조를 다스리는 칼리프 알 카임에게 '술탄(권위자)'이라는 칭호를 얻어 셀주크 왕조를 열었다. 그 후 이슬람권에서는 종교 지도자인 칼리프의 권위가 유명무실해지고 군사력을 보유한 술탄이 실질적인 군주가 된다.

셀주크 왕조는 동로마 제국과 대립하면서도 그 문화를 흡수했다. 그러나 13세기 말에는 쇠퇴하고, 신하인 오스만(오스만 1세)이 오스만 왕조를 연다. 오스만 왕조는 지중해 연안으로 세력을 확대했다. 그리고 1453년에는 제7대 황제인 메메트 2세가 동로마 제국을 정복하고 수도인 콘스탄티노플을 '이스탄불'로 개명해 오스만 제국

술레이만 1세

의 수도로 삼았다. 현재 이곳에 존재하는 모스크인 하기아 소피아
는 동로마 제국이 동방 정교회의 대성당으로 사용했던 건물을 이
어받은 것이다.

메메트 2세는 알렉산드로스 대왕의 후계자를 자처한, 국제 감각
이 풍부한 군주였다. 영내의 크리스트교도와 유대교도에게도 신앙
의 자유를 인정했고, 인재는 민족을 불문하고 중용했다. 또한 메메
트 2세의 손자인 셀림 1세는 맘루크 왕조를 정복하고 이슬람의 성
지 메카를 지배하에 뒀다. 술레이만 1세는 바로 이 셀림 1세의 아들
이다. 술레이만이라는 이름은 구약 성서에 등장하는 고대 이스라엘
의 최전성기를 이룩한 솔로몬 왕(아라비아어로는 술레이만)에서 유래한
것으로, 여기에서 알 수 있듯이 이슬람교는 유대교의 세계관을 계
승했다.

지중해 패권을 두고 신성 로마 제국과 맞붙다

당시 오스만 제국에는 황위 계승을 둘러싼 분쟁을 막기 위해 황
제가 즉위 후 자신의 형제를 모두 죽이는 관습이 있었다. 그러나 술
레이만의 경우는 셀림 1세가 세상을 떠난 시점에 다른 형제가 없었
기 때문에 평화롭게 즉위할 수 있었다. 참고로 16세기 말에는 황제
의 형제를 죽이지 않고 성안에 유폐하게 된다.

1520년에 황위를 이어받은 술레이만 1세는 평생 13회에 걸쳐 친정을 실시했다. 먼저 1521년에 헝가리 제국의 베오그라드(현재 세르비아의 수도)를 공략했고, 이듬해에는 아나톨리아반도 연안부에 있는 로도스섬에서 크리스트교도인 성 요한 기사단을 몰아냈다.

당시 술레이만 1세에게 가장 큰 적은 신성 로마 제국의 황제 카를 5세였다. 스페인 왕을 겸임한 카를 5세는 동유럽뿐만 아니라 지중해의 패권을 놓고서도 오스만 제국과 충돌했다. 1529년, 오스만 제국은 12만 대군을 동원해 당시 신성 로마 제국의 수도였던 빈을 포위했지만 겨울이 되자 장기전을 피하고자 철수한다. 그리고 1535년에는 신성 로마 제국에 대항하기 위해 프랑스 왕 프랑수아 1세와 동맹을 맺는다. 프랑스도 크리스트교 국가이지만 지리상 스페인과 신성 로마 제국의 사이에 끼어 있었기 때문에 이 동맹은 필연적이었다. 또한 오스만 제국은 신성 로마 제국의 힘을 약화시키기 위해 네덜란드 등의 신교도도 지원했다.

이 무렵 동방의 이란에서는 이슬람교 시아파를 국교로 삼는 사파비 왕조가 일대 세력을 이루고 있었는데, 술레이만 1세는 이들을 격퇴해 수니파의 수호자라는 종교적 권위를 확립한다. 그리고 1534년에는 이라크 원정을 실시해 바그다드를 점령하는 등, 아라비아반도와 북아프리카에도 영토를 확대해 나갔다.

각종 법 제도를 정비해 다민족을 하나로 품다

이와 같은 수많은 원정에서 술레이만 1세를 뒷받침한 존재는 정예 부대인 '예니체리'였다. 구성원은 주로 동유럽에서 징용된 크리스트교도 노예였지만 황제 직속 엘리트로서 교육을 받았으며, 16세기에는 다른 나라보다 앞서서 머스킷 부대를 운영했다. 당시 유럽의 군대는 제후의 기사와 용병이 섞여 있었던 데 비해 예니체리는 장병이 질적으로 균일하고 통제가 매우 잘 되어 있었다. 거듭된 친정은 아버지 셀림 1세의 시대부터 이어진 영토 확장 정책과 함께 예니체리의 군비와 사기를 유지하기 위한 측면도 있었으며, 훗날 이것이 재정을 압박하는 원인이 된다.

술레이만 1세는 지중해를 어지럽히던 해적 바르바로스 하이렛딘(일명 '붉은 수염')을 오스만 제국 해군으로 영입해 1538년에 프레베자 해전에서 스페인과 로마 교황청, 베네치아 공화국 등의 연합군을 격파함으로써 지중해를 지배하에 둔다. 또한 오스만 제국 해군은 아라비아반도와 접한 홍해 연안도 제패함으로써 지중해뿐만 아니라 인도양 무역의 이권도 손에 넣었다.

술레이만 1세의 업적은 군사적인 분야에 국한되지 않는다. 제국 내에서 입법자라고도 불린 그는 광대한 영토 전역에 대해 다양한 행정법을 실시해 높은 평가를 받았다. 징세와 이교도의 차지 등에 관한 지방 관료의 권한을 명확히 한 것을 비롯해 튀르크족 이외의

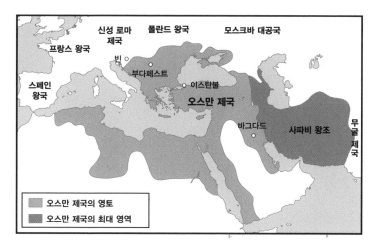

오스만 제국의 영토　　　오스만 제국은 유럽과 아시아의 경계에 해당하는 이스탄불(구 콘스탄티노플)을 수도로 양 지역에 걸친 대제국이었다.

관습법도 인정하고 민법과 상법 등도 명문화했다. 각종 상품의 취급과 상점의 경영에 관해서도 자세하게 법을 만듦으로써 상인이나 지방 관리가 제멋대로 규칙을 만들어 사리를 취하지 못하게 했으며, 상품의 구매자가 제국 내 어디에서나 같은 수준의 서비스를 받을 수 있게 했다.

술레이만 1세

이민족을 보호하고 개종자를 중용하다

수도이며 국제적인 상업 도시이기도 했던 이스탄불의 주민 중 40 퍼센트가 크리스트교도와 유대교도였다는 사실에서도 알 수 있듯 이, 술레이만 1세는 국내의 이민족과 이교도의 활동을 보호했다. 오 스만 제국에서는 크리스트교 문화권에서 종종 발생한 유대인에 대 한 대규모 박해가 없었으며, 튀르크인과 다른 피지배 민족의 충돌 은 기본적으로 개인 사이의 대립에 국한되었다고 한다. 또한 제국 영내의 동방 정교회 신도는 민족을 불문하고 똑같이 대우함에 따 라 그리스인이나 세르비아인, 불가리아인 등의 민족 간 대립이 진 정되었다.

오스만 제국의 유력자 중에는 크리스트교도였다가 개종한 인물 도 적지 않다. 정치가로는 술레이만 1세의 치세 초기에 활약한 대 재상 이브라힘 파샤, 말년의 대재상 소콜루 메메트 파샤, 주임 건축 관으로서 수많은 사원과 학교 등을 설계한 미마르 시난도 원래는 크리스트교도인 예니체리였다. 시난의 대표작으로서 1557년에 완 성된 이스탄불의 쉴레이마니예 모스크는 거대 돔을 씌운 높이 53 미터의 건물로서 현재 세계 유산으로 등록되어 있다.

술레이만 1세의 부인인 록셀라나(휘렘)도 원래 슬라브인 크리스 트교도였다고 한다. 아울러 제국에서 활약한 시인이나 건축가 등 문화인들도 후원했으며, 매주 금요일 예배 등 이슬람교의 행사 때

| 쉴레이마니예 모스크

는 모스크에 설치된 급식소에서 식사와 과자를 베풀어 서민들로부터 크게 존경받았다.

후세에도 영향을 끼친 황제의 유연한 자세

15~17세기의 오스만 제국의 번영은 지중해와 인도양에서 교역의 패권을 쥐고 있었기에 가능했다. 그러나 1566년에 술레이만 1세가 세상을 떠난 무렵부터 세계 무역의 중심은 대서양으로 넘어간

다. 술레이만 1세의 치세에 오스만 제국은 동맹 관계인 프랑스 상인에 대해 제국 영내에서의 치외 법권을 인정하는 협정을 맺었는데, 훗날 군사력과 경제력 모두 우위에 서게 된 유럽 열강은 이것을 오스만 제국 내에서 이권을 확대하는 데 이용했다.

오스만 제국은 느슨한 이민족 복합체였다. 이것은 원래 튀르크족이 국경에 얽매이지 않는 유목민이었던 점도 영향을 끼쳤다. 그런데 19세기에는 내셔널리즘과 민족 국가의 개념이 확산되었고, 오스만 제국의 통치를 받던 동유럽 국가들과 아랍족의 독립운동이 격화되었다. 또한 역시 다민족 복합체 국가였던 중국 대륙의 청 왕조도 같은 시기에 한족이나 몽골족, 위구르족 등의 반정부 운동에 직면했다.

19세기에 그리스와 불가리아를 비롯해 동유럽 국가가 차례차례 독립하고 1914년에 발발한 제1차 세계대전에서 영국과 러시아 등의 연합군 침공을 받은 오스만 제국은 약체화된다. 그리고 1922년에 군인인 케말 아타튀르크가 '터키 혁명'을 일으킴으로써 오스만 제국은 600년 넘게 계속되었던 역사의 막을 내린다.

그 후 현재까지 이어지고 있는 터키 공화국은 오스만 제국 시대의 영토를 대부분 잃었기는 하지만 공용어 표기에 알파벳을 채용하고 정교분리를 철저히 하는 등 서양 문화를 적극적으로 받아들여 발전을 이루었다. 이와 같은 외래문화 도입에 대한 유연한 자세는 술레이만 1세의 치세에 그 토양이 만들어졌다고도 할 수 있을 것이다.

생몰년: 1527년~1598년
재위: 1556년~1598년
국가: 스페인 왕국

인류 역사상
최고의 사무직 황제

남북 아메리카 대륙을 비롯해 세계 각지에 식민지를 획득해 '해가 지지 않는 나라'로 불렸던 스페인. 그 절정기는 스페인 왕 펠리페 2세의 시대였다.

펠리페 2세는 신대륙에서 가져오는 부를 통해 '무적함대'라고 불리는 강대한 무력을 손에 넣었으며, 열렬한 가톨릭 신자로서 가톨릭의 가르침에 따라 국가를 경영했다. 그 방침은 식민지를 확대시킨 반면에 스페인의 미래를 결정짓게 된다.

800년에 걸친 국토 회복 운동

　스페인 왕국이 탄생하기 전까지 이베리아반도는 오랫동안 이슬람 세력의 지배를 받아 왔다. 기원전 3세기부터 로마(공화정기~제정기)의 지배를 받다 418년에 게르만 부족이 서고트 왕국을 건설했는데, 이후 아프리카 대륙에서 침입한 이슬람 세력이 711년에 서고트 왕국을 멸망시키고 반도 일대를 손에 넣었다. 그리고 756년에는 아바스 왕조의 지배에서 도망친 우마이야 왕조의 일족이 후우마이야 왕조를 수립했다.

　이후 크리스트교도들은 이베리아반도의 탈환을 목표로 '레콘키스타(국토 회복 운동)'에 힘을 쏟았고, 결국 이 운동이 결실을 보아 아라곤 왕국과 카스티야 왕국 등의 크리스트교 국가가 이베리아반도에 건국해 이슬람 세력을 몰아냈다. 13세기가 되자 이베리아반도의 이슬람 국가는 남부의 나스르 왕조만이 남게 되었는데, 그 나스르 왕조도 1492년에 아라곤 왕국과 카스티야 왕국이 병합한 스페인 왕국에 멸망당한다. 거의 800년에 걸친 국토 회복 운동이 마침내 달성된 것이다.

　　　　　　　　　　　　　　　　　　펠리페 2세

식민지 경영을 통해 전쟁 비용을 마련하다

대항해 시대를 맞이하자 스페인은 선원들의 후원자가 된다. 그리고 1492년에 스페인의 지원을 받은 콜럼버스가 아메리카 대륙에 도착하자 스페인은 크리스트교 포교를 명목으로 '콩키스타도르(정복자)'를 보내 남아메리카의 대부분을 지배했다.

1504년에는 명문 합스부르크 가문 출신의 펠리페(펠리페 1세)가 카스티야 왕에 즉위하고, 그의 아들인 카를로스는 스페인 왕(카를로스 1세)과 신성 로마 황제(카를 5세)를 겸임하게 된다. 그는 프랑스나 오스

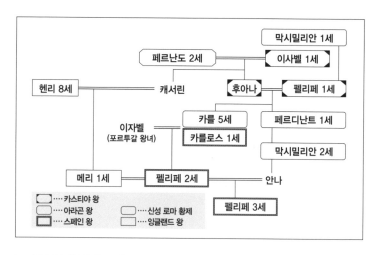

| 펠리페 2세를 중심으로 한 스페인 왕가의 계보

너무 재밌어서 잠 못 드는
황제의 세계사

만 제국과의 전쟁 비용을 조달하기 위해 적극적으로 식민지 경영을 추진해 남아메리카로부터 금과 은을 가져왔다. '태양이 지지 않는 나라'란 영토의 어딘가에는 항상 태양이 떠 있다는 데서 유래한 명칭인데, 16세기 후반의 스페인 왕국은 태양이 지지 않는 나라를 거의 완성해 가고 있었다.

한편 남아메리카에서 대량으로 유입된 은은 급격한 인플레이션을 유발했고, 종교 개혁에 따른 프로테스탄트의 대두와 오스만 제국의 지중해 진출, 합스부르크 가문과 프랑스 왕가의 대립 등 유럽 전체가 휘말리는 문제들이 발생했다. 1556년, 카를로스 1세는 이런 문제들을 남겨둔 채 아들 펠리페(펠리페 2세)에게 왕위를 물려준다.

집무실의 서류왕

스페인의 황금기를 구축하는 펠리페 2세는 당시의 수도 바야돌리드에서 카를로스 1세와 포르투갈 왕녀 이자벨의 큰아들로 태어났다. 근면하고 성실했지만 타인에게 마음을 열지 않는 성격이었으며, 일에 관해서는 관료적이었다. 즉위 후에는 국왕에게 권력을 집중시키는 절대 왕정을 추진했으며, 남아메리카를 비롯한 전 세계의 식민지에 부관을 파견해 지배를 맡기고 자신은 집무실에 틀어박혀 정무를 봤기 때문에 '서류왕'으로 불리기도 했다. 또한 그때까지 명확하게 정해져 있지 않았던 수도를 스페인의 중앙부라는 편리성에서 마드리드로 결정했다.

"이단자로서 군림할 바에는 목숨을 100번 잃는 편이 낫다"라는 말을 남길 만큼 열렬한 가톨릭 신자였던 펠리페 2세는 가톨릭에 기반을 둔 국가 경영을 지향했다. 황태자 시절인 27세에 결혼한 상대도 가톨릭교도였던 38세의 잉글랜드 여왕 메리 1세였는데, 이것은 잉글랜드 국내의 가톨릭 파벌을 후원하려는 생각이 있었기 때문이다. 그러나 2년 동안 잉글랜드에서 살던 펠리페 2세는 스페인 왕으

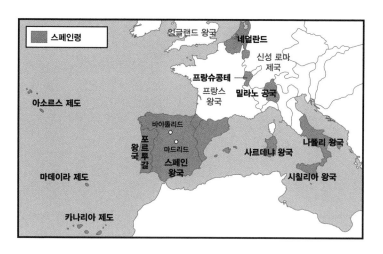

유럽에서 펠리페 2세의 영토　스페인 왕을 비롯해 포르투갈 왕과 이탈리아 국가들의 왕 등을 겸임하면서 해외의 식민지뿐만 아니라 서유럽에도 수많은 영토를 보유했다.

너무 재밌어서 잠 못 드는
황제의 세계사

로 즉위하기 위해 귀국한다. 이후 메리 1세는 자식 없이 1558년에 세상을 떠나고, 엘리자베스(엘리자베스 1세)가 잉글랜드의 여왕이 된다.

지구 규모의 대국이 출현하다

스페인이 세계 최대의 식민지 제국이 될 수 있었던 이유는 펠리페 2세의 모친인 포르투갈 왕녀 이자벨의 혈통에 있었다. 포르투갈 왕가의 피가 흐르는 펠리페 2세가 혈통이 끊긴 본가를 대신해서 1580년에 포르투갈 왕을 겸임했고, 이에 따라 아시아에 진출했던 포르투갈의 광대한 식민지를 병합하게 된다. 포르투갈의 영토를 손에 넣음으로써 펠리페 2세의 영토는 오스트레일리아와 남극 대륙을 제외한 모든 대륙에 존재하게 되었다.

오늘날에도 스페인어는 중남 아메리카를 중심으로 21개국에서 공용어로 사용되고 있으며 4억이 넘는 인구가 스페인어를 사용하고 있다. 또한 스페인의 식민지였던 필리핀의 국명은 펠리페 2세의 이름에서 유래했다.

지중해의 패권을 건 해전

16세기의 크리스트교 세계에 가장 큰 위협은 오스만 제국이었다. 동지중해의 제해권과 함께 지중해 전역의 제패에 나선 오스만 제국은 1570년에 베네치아령 키프로스섬을 점령한다. 당시 스페인 국내에서 일어난 크리스트교로 개종한 전 이슬람교도의 반란과 프랑스의 종교 전쟁(위그노 전쟁), 네덜란드 독립 전쟁 등으로 서유럽이 혼란에 빠져 있었기 때문에 오스만 제국으로서는 아주 좋은 기회였다. 이에 위기감을 느낀 베네치아는 교황 비오 5세에게 도움을 청했지만 로마 교황의 군사력으로는 당시 최강의 오스만 함대에 맞설 수가 없었다. 그래서 교황 비오 5세는 펠리페 2세에게 협력을 요청했고, 가톨릭의 수호자를 자임하는 펠리페 2세는 이를 흔쾌히 승낙한 뒤 다른 가톨릭 국가와 함께 스페인군을 중심으로 한 연합 함대를 결성한다.

1571년 10월, 연합 함대 258척과 오스만 함대 약 300척이 그리스반도 남쪽의 레판토 앞바다에서 교전해 연합 함대가 승리한다(레판토 해전). 이 해전에서 오스만 함대는 큰 손실을 봤지만 곧 재건된다. 여기에 키프로스섬도 여전히 점령한 상태였기 때문에 동지중해의 제해권은 계속 오스만 제국이 쥐고 있었다. 다만 무적으로 여겨지며 공포의 대상이었던 오스만 제국의 패배는 오스만 함대에 노예로 동원되었던 크리스트교도들의 해방과 함께 크리스트교 국가의 자신감 회복이라는 심리적인 영향을 끼쳤다.

레판토 해전 이후 스페인이 통치하던 네덜란드에서 독립을 요구하는 반란이 빈발했다. 신교도가 많은 네덜란드를 펠리페 2세가 탄압했던 것이 그 배경이었고, 반란의 배후에는 잉글랜드가 있었다. 당시의 잉글랜드는 스페인에 비하면 약소국에 불과했다. 그러나 잉글랜드 여왕 엘리자베스 1세는 프랜시스 드레이크 등의 해적을 이용해 스페인의 선박을 습격했다. 그리고 1587년, 엘리자베스 1세가 가톨릭교도이며 잉글랜드 왕위 계승권을 가진 스코틀랜드 여왕 메리 스튜어트를 처형한다. 이로써 잉글랜드의 가톨릭화 가능성이 사라지고 네덜란드의 반란도 가라앉지 않자 펠리페 2세는 잉글랜드에 파병을 결정한다. 스페인 함대로 잉글랜드의 해안을 습격한 뒤 보병 부대를 상륙시켜 수도 런던을 점거하는 계획을 세운다.

그런데 1588년 8월 8일 심야, 별동대와 합류하기 위해 칼레 앞바다에 도착해 정박 중이던 스페인의 주력 함대를 향해 불타는 배 8척이 돌진했다. 그리고 혼란에 빠진 함대에 드레이크가 이끄는 잉글랜드 함대가 다가와 포격을 개시했다. 이 잉글랜드 함대의 야습은 성공을 거뒀고, 스페인 함대는 탄약을 소진한 채 패배했다. 스페인 함대는 적의 추격을 피해서 북해를 통과해 9월 23일에 스페인으로 귀환했지만, 무적으로 여겨졌던 함대의 절반을 잃고 65척 정도의 대형선만이 귀환에 성공했다.

식민지 대국의 민낯

이 칼레 해전의 패배 이후 스페인은 급속히 쇠퇴의 길을 걷는다. 다만 쇠퇴의 요인은 해전 이전부터 시작된 경제적인 문제였다. 카를로스 1세 시대부터 빈번히 일어난 전쟁으로 전쟁 비용이 재정을 압박해, 1557년부터 1596년까지 네 번이나 파산을 선언했다. 남아메리카에서 가져온 대량의 은도 타국의 부호에게 진 빚을 갚는 데 사용되었다.

그런데도 펠리페 2세는 1597년에 아일랜드 원정을 기획한다. 아일랜드에서 일어난 가톨릭교도의 반란을 지원하고 엘리자베스 1세가 이에 대응하는 사이 런던을 공격한다는 계획이었다. 그러나 스페인에서 출발한 함대가 악천후에 휘말리는 바람에 작전은 실패로 끝난다.

그리고 이듬해인 1598년, 펠리페 2세는 마드리드 북서부에 위치한 에스코리알 궁전에서 지병인 통풍의 합병증으로 세상을 떠난다. 그 후 펠리페 3세, 펠리페 4세, 카를로스 2세로 왕위가 계승되지만, 카를로스 2세는 후계자를 남기지 못한 채 사망한다. 그리고 1700년에 루이 14세의 손자이며 펠리페 4세의 증손자에 해당하는 펠리페 5세가 즉위하면서 스페인 합스부르크 가문의 혈통은 끊기고 부르봉 왕조 스페인이 시작된다.

펠리페 2세는 스페인을 역사상 전례가 없는 규모의 식민지 대국으로 성장시켰지만, 종교적 열정으로 전쟁을 반복하다 스페인을 쇠락의 길로 이끈 것이다.

21. 엘리자베스 1세

생몰년: 1533년~1603년
재위: 1558년~1603년
국가: 잉글랜드 왕국

나는 다 보았노라!
그러나 입은 다물겠노라!

'영국은 여왕의 시대에 크게 번영한다'라는 말이 있는데, 이 말의 계기가 된 인물은 잉글랜드 여왕 엘리자베스 1세다.

엘리자베스 1세가 즉위했을 당시의 잉글랜드는 스페인이나 프랑스에 비해 소국이었으며 경제와 종교, 왕위 계승의 측면에서도 문제를 안고 있었다. 그러나 엘리자베스 1세는 그런 문제들을 교묘한 정치 수완으로 극복하고 잉글랜드를 훗날의 대영 제국으로 이끌어 나갔다.

튜더 왕조의 성립

　15세기 후반의 잉글랜드 왕국은 잇따른 전쟁으로 피폐해져 있었다. 백년 전쟁에서는 프랑스 왕국에 패배했고, 1485년까지 계속된 장미 전쟁에서는 잉글랜드 귀족인 랭커스터 가문과 잉글랜드 왕 리처드 3세를 옹립한 요크 가문이 왕위 계승권을 두고 싸우는 바람에 국내가 혼란에 빠졌다. 그리고 결국 두 가문은 공멸하게 된다.

　리처드 3세를 격파한 인물은 랭커스터 가문의 방계인 튜더 가문의 헨리였다. 그는 1485년에 요크 가문의 자녀와 결혼하고 헨리 7세로서 잉글랜드 왕에 즉위하며, 이로써 엘리자베스 1세까지 6대에 걸친(메리 1세와 혼인 관계였던 펠리페 2세를 포함하면 7대) 튜더 왕조의 막이 열린다.

　당시의 잉글랜드 왕은 웨일스와 아일랜드도 지배하고 있었지만 인구는 400만 명 정도에 불과했다. 프랑스 왕국이나 스페인 왕국, 신성 로마 제국 같은 대국에 비하면 약소국이었다. 게다가 그레이트브리튼섬의 북부에는 스코틀랜드가 독립국으로서 존재했다.

이혼을 계기로 탄생한 영국 국교회

1509년에 헨리 7세가 세상을 떠나자 아들인 헨리가 18세의 나이

　　　　　엘리자베스 1세

에 헨리 8세로 즉위한다. 헨리 8세는 스포츠를 잘하고 음악에도 재능이 있었으며 용모도 빼어났다. 다만 여성 관계가 깔끔하지는 못해서, 평생 결혼을 여섯 번이나 했다. 당시 잉글랜드에서 많은 사람이 믿고 있었던 가톨릭은 이혼을 금지했는데, 헨리 8세는 시녀였던 앤 불린과 결혼하기 위해 첫 번째 부인인 아라곤의 캐서린과 이혼하기로 결심하고 이혼을 합법화하도록 의회를 움직였다. 그리고 로마 교황 바오로 3세가 이 문제로 헨리 8세를 파문하자 국왕을 교회의 수장으로 두는 '국교회 제도'를 제정한다. 이것이 지금까지 이어지는 영국 국교회(성공회)의 시작이다. 국교회는 교리의 경우 칼뱅파에 가깝지만 의식에는 가톨릭 양식이 남아 있는 등 절충적인 특징을 지니고 있다.

헨리 8세가 이렇게까지 하면서 이혼하려고 한 이유는 정권의 안정을 위해 아들을 많이 낳고 싶은데 아들이 좀처럼 태어나지 않았기 때문이다. 캐서린은 1516년에 훗날의 잉글랜드 여왕 메리 1세를, 앤 불린은 1533년에 훗날의 엘리자베스 1세를 낳았다.

이혼 후 캐서린은 잉글랜드의 킴볼튼성에 연금되어 살다가 세상을 떠난다. 앤 불린도 간통죄 혐의로 처형당했는데, 이때 엘리자베스는 왕위 계승권을 박탈당한다. 세 번째 왕비가 된 제인 시모어는 헨리 8세가 그토록 고대하던 아들을 낳았지만 출산 후 숨을 거뒀고, 네 번째 왕비인 독일 귀족의 딸 앤과는 곧 이혼했으며, 다섯 번째 왕비인 캐서린 하워드는 간통죄로 처형당했다. 그리고 여섯 번

너무 재밌어서 잠 못 드는
황제의 세계사

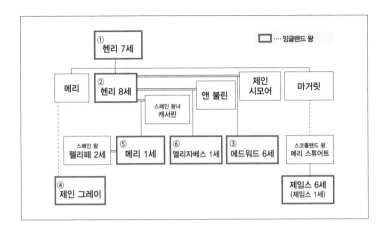

| 엘리자베스 1세를 중심으로 한 잉글랜드 왕가의 계보

째 왕비인 캐서린 파와 결혼한 시점에도 자녀가 적었기 때문에 엘리자베스의 왕위 계승권이 부활된다.

1547년, 헨리 8세가 56세에 세상을 떠나자 당시 9세였던 에드워드(에드워드 6세)가 왕위를 잇는다.

런던탑에서 생환해 여왕의 자리에 오르다

그런데 에드워드 6세가 15세에 세상을 떠나자 야심가인 노섬벌랜드 공작이 혼란을 틈타 아들 길퍼드 더들리와 헨리 7세의 증손녀

제인 그레이를 결혼시킨 뒤 16세의 제인을 잉글랜드 여왕으로 만든다. 그러나 제인의 재위 기간은 9일에 불과했고, 헨리 8세의 큰딸 메리가 거병해 제인과 길퍼드를 런던탑에서 처형한다.

메리는 1553년에 잉글랜드 역사상 최초의 여왕인 메리 1세에 즉위하고 가톨릭의 부흥에 나서면서 신교도를 박해하기 시작한다. 이때 신교도 300명을 처형했는데, 이 때문에 사람들은 메리 1세를 '피의 메리'라고 부르면서 두려워했다. 나아가 메리 1세는 스페인 황태자 펠리페(훗날의 펠리페 2세)와 결혼함으로써 가톨릭 국가인 스페인과 가까워진다.

이 무렵 엘리자베스는 메리의 즉위 직후 신교도인 토머스 와이엇이 일으킨 반란에 공모했다는 의심을 받아 런던탑에 감금되어 있었는데, 2개월 후 반란의 주모자가 처형되기 직전에 엘리자베스의 결백을 증명한 덕분에 감시를 조건으로 석방된다.

그리고 1558년에 메리 1세가 병으로 세상을 떠나자 같은 해 11월 17일에 잉글랜드 의회의 승인을 얻어 25세의 나이에 엘리자베스 1세로서 잉글랜드 여왕에 즉위한다.

국가와 결혼한 여왕

현존하는 초상화나 당시의 일화에 따르면 엘리자베스 1세는 빨간 머리에 깡말랐으며 얼굴에는 당시 유행하던 백분을 잔뜩 발랐다. 그런데 당시의 백분에는 납이 포함되어 있었기 때문에 피부가 거칠어졌고, 그것을 감추기 위해 백분을 더 두껍게 바르는 악순환이 계속되었다. 너무 두껍게 바르는 바람에 표정을 바꾸기도 힘들었던 듯하다. 당시 그린 초상화의 표정이 경직된 데는 이러한 사정이 있다고 전해진다. 또한 엘리자베스 1세는 29세에 천연두를 앓아 머리카락이 빠졌기 때문에 항상 가발을 착용했다.

엘리자베스 1세는 두뇌가 명석한 인물이었다. 이것은 에드워드 2세의 학우로서 당시의 여성으로서는 보기 드물게 높은 수준의 교육을 받은 덕분이다. 프랑스어, 이탈리아어, 라틴어, 그리스어를 능숙하게 구사했고 신학에도 해박했다고 한다.

잉글랜드 여왕이라는 위치 때문에 엘리자베스 1세에게는 각국의 왕족으로부터 구혼이 쇄도했다. 구체적으로는 메리 1세의 전남편인 펠리페 2세와 신성 로마 황제의 셋째 아들, 프랑스 왕 샤를 9세 등이다. 그러나 엘리자베스 1세는 구혼을 전부 거절했다. 이에 후계자 문제나 국가의 이익을 위해 엘리자베스 1세의 결혼을 바라는 잉글랜드 의회가 그 이유를 묻자 "짐은 이미 잉글랜드와 결혼했느니라"라고 대답했다고 한다. 국민에게 보여주기 위한 의도도 있었겠지만, 혼인은 외국의 내정 간섭을 초래해 소국인 잉글랜드에 사활 문제로 발전할 위험성이 있었기 때문이다. 엘리자베스 1세는 이처럼 혼인에 대해 모호한 태도를 보임으로써 자신을 둘러싸고 타국

엘리자베스 1세

이 서로 신경전을 벌이게 만든 뒤 그 틈에 잉글랜드 번영의 기초를
다져 나갔다.

엘리자베스 1세는 평생 결혼을 하지 않았지만 가신인 로버트 더
들리나 그의 양아들인 에식스 백작 등을 애인으로 두는 등 만년까
지 자유분방한 연애를 즐겼던 듯하다.

다양한 정책으로 나라 안팎을 보살피다

엘리자베스 1세는 자신이 발탁한 유능한 인재를 추밀원(복수의 고
문관으로 구성된 최고 의사 결정 기관)에 기용하고 그들과 의논하면서 정책
을 추진했다. 다만 중요도가 가장 높은 정책에 대해서는 잉글랜드
의회를 존중해 의회의 결정에 따랐다. 당시 의회의 구성원은 왕족
과 귀족, 그리고 대지주인 젠트리였는데, 엘리자베스 1세는 유능한
젠트리를 중용해 지방 행정을 맡기는 등 정치에 참여시켰다. 의회
를 대하는 자신의 자세를 표현한 엘리자베스 1세의 "보지만 말하지
않는다"라는 말은 의회가 하는 일에 참견하지 않는다는 의미다.

엘리자베스 1세는 즉위 후 메리 1세가 추진했던 가톨릭 정책을
폐기하고 국교회 부흥으로 전환한다. 잉글랜드 왕을 유일한 수장
으로 삼는 '수장법'을 재발포하고 신조와 관행을 규정한 '예배 통일
법'을 통해 국내의 종교 개혁을 완수했다.

경제 측면에서는 헨리 8세 시대에 유통되었던 조악한 화폐를 양질의 화폐로 바꿈으로써 파운드의 신용도를 상승시켜 경제의 안정을 꾀했다. 이러한 노력으로 즉위 당시 파산 직전이었던 잉글랜드의 재정이 1568년에는 상당 수준 재건되었다고 한다.

그 후 엘리자베스 1세는 아메리카 대륙 진출과 동인도 회사 설립 등 해외 진출을 활발히 시도한다. 경제 활동이 활발해짐에 따라 모직물 무역이 성행하게 되었고, 이에 영주와 젠트리는 농민에게서 빼앗은 농지를 목양지로 전환했다. 이러한 중상주의 정책은 훗날 일어나는 산업 혁명의 씨앗이 되었지만, 한편으로는 토지를 잃은 농민이 저임금 노동자가 되어 빈부 격차가 확대되고 실업자가 넘쳐나는 결과를 낳았다.

1601년, 이러한 사태에 엘리자베스 1세는 근대 사회 복지 제도의 출발점으로도 평가받는 '구빈법'을 제정한다. 일하지 못하는 노인이나 장애인에게는 구제금을 지급하고, 일할 수 있는 사람에게는 일자리를 알선했으며, 빈민의 자녀에게 도제 제도를 이용해 기술을 배우도록 함으로써 실업률을 감소시켰다.

상반된 두 여왕의 인생

엘리자베스 1세와 같은 시기, 스코틀랜드 왕국도 여왕이 다스리고 있었다. 스코틀랜드 여왕 메리 스튜어트는 엘리자베스 1세 사촌의 딸에 해당하며 잉글랜드 왕위 계승권을 갖고 있었다. 엘리자베스 1세가 즉위할 당시 프랑스 왕(프랑수아 2세)의 비였던 메리 스튜어트는 엘리자베스 1세는 왕위 계승권이 없는 서자이므로 여왕은 자신이 되어야 한다고 주장했는데, 이에 잉글랜드 의회는 즉시 엘리자베스 1세를 적자로 인정함으로써 프랑스의 개입을 차단했다. 그리고 이 일은 둘 사이에 앙금을 남겼다.

1560년에 프랑스 왕이 세상을 떠나 미망인이 된 메리 스튜어트는 이듬해에 스코틀랜드로 귀국한다. 그리고 그곳에서 사촌인 단리 경 헨리 스튜어트와 재혼하고 아들 제임스를 낳는다. 그런데 단리는 폭사(爆死)하고, 메리는 내분 끝에 폐위되어 잉글랜드로 망명한다.

엘리자베스 1세는 망명한 메리 스튜어트를 받아들였다. 그런데 메리 스튜어트는 1586년에 잉글랜드의 가톨릭교도들과 공모해 엘리자베스 1세의 암살을 꾀하다 발각되어 사형 판결을 받는다. 이때 엘리자베스 1세는 그래도 혈육이어서인지 사형 집행 명령서에 서명하기를 머뭇거렸다고 전해진다. 결국 메리 스튜어트는 이듬해에 참수형을 당한다.

무적함대를 격파하고 해양 국가로 떠오르다

메리 스튜어트가 처형당하자 대국 스페인이 움직인다. 스페인 왕 펠리페 2세는 메리 스튜어트가 잉글랜드의 여왕이 됨으로써 잉글랜드에서 가톨릭화가 진행되기를 기대했었기 때문이다. 이에 맞서 잉글랜드는 해외 무역의 경쟁자가 된 스페인을 견제했다. 스페인의 지배를 받는 네덜란드에 신교도의 반란을 지원하고, 정부 공인 해적인 사략선을 이용해 남아메리카에서 은을 싣고 스페인으로 가는 배를 약탈함으로써 손해를 입히기도 했다. 엘리자베스 1세는 사략선 함장 중에서도 특히 프랜시스 드레이크를 마음에 들어 해서 '짐의 해적'이라고 부르며 중용하고 기사 작위를 내렸다. 드레이크는 마젤란에 이어서 세계 일주에 성공한 인물로, 항해 도중에 각지의 스페인 식민지를 습격했다.

1588년, 잉글랜드의 소행에 인내심이 바닥난 펠리페 2세는 당시 최강으로 칭송받던 스페인 함대, 일명 무적함대를 파견했다. 함대를 잉글랜드에 상륙시켜 육군으로 런던을 점령한다는 계획이었다. 이에 맞선 잉글랜드 함대의 함선은 소형이지만 함포의 사정거리가 길다는 특징이 있었다. 그리고 드레이크가 지휘관 중 1명으로서 함대를 이끌었다.

두 함대는 프랑스의 칼레 앞바다에서 격돌했는데, 불타는 배를 충돌시킨다는 드레이크의 기책으로 잉글랜드 함대가 승리를 거둔다. 드레이크가 교전 전에 스페인 함대를 습격해 비축 물자를 불태운 것도 승리의 요인이었다. 이 때문에 스페인 함대의 사기가 눈에 띄게 저하되었던 것이다.

이 칼레 해전의 패배 이후 스페인의 국력이 쇠퇴하면서 잉글랜드가 해양 국가로 대두한다. 엘리자베스 1세는 1600년에 동인도 회사를 설립하고 아시아 전역의 무역 독점권을 부여했다. 동인도 회사는 향신료와 차의 무역 외에도 인도 등의 식민지 확대에 중요한 역할을 담당했다. 또한 엘리자베스 1세는 아메리카 대륙에도 총애하는 신하인 월터 롤리 경을 보내 식민지를 건설하려 했는데, 이것은 실패로 끝난다.

튜더 왕조의 종언

만년의 엘리자베스 1세는 산적된 문제로 골머리를 앓았다. 국내의 신구 교도 대립, 지배하고 있었던 아일랜드의 반란, 흉작 등이 이어지며 재정이 압박을 받았던 것이다. 그래서 엘리자베스 1세는 재정을 메우기 위해 '독점 특허권'을 제정했다. 이것은 기업가에게 산업 독점권을 주는 것으로, 물가 급등을 초래했기 때문에 민중의 불만이 높아졌다.

1601년, 의회에서 엘리자베스 1세는 "국민의 사랑을 받으며 국가를 통치할 수 있었던 것이 짐의 영광이오"라며 독점 특허권의 재검토를 약속했다. 국민의 행복을 생각한 이 연설은 '황금 연설'로 불린다.

그 후 신뢰하던 수석 고문관 벌리 경과 친우인 노팅엄 백작 부인이 차례차례 세상을 떠나자 건강이 악화된 엘리자베스 1세는 1603년에 숨을 거둔다. 자녀가 없었던 엘리자베스 1세는 메리 스튜어트의 아들인 스코틀랜드 왕 제임스 6세를 후계자로 지명했고, 제임스 6세는 잉글랜드 왕 제임스 1세를 겸임하게 되었다. 이렇게 해서 잉글랜드(아일랜드를 포함)와 스코틀랜드가 같은 군주를 모시는 '동군연합(同君聯合)'이 성립한다.

제임스 1세는 절대 왕정 속에서 국교회 제도를 강화하고 다른 종파를 인정하지 않았다. 이 때문에 신교도들은 해외로 도피했고, 그중 일부가 아메리카 대륙으로 이주한다. 또한 제임스 1세의 아들인 찰스 1세는 전제 정치를 강화하다 의회와 대립한 끝에 1640년 청교도 혁명을 초래한다.

엘리자베스 1세의 치세는 '엘리자베스 왕조'로도 불린다. 엘리자베스 1세는 유럽의 약소국이었던 잉글랜드에서 경제, 산업, 종교 등 여러 분야에 걸쳐 다양한 정책을 단행하고 세계 각지에 식민지를 확대함으로써 훗날 '대영 제국'으로 발전하는 기틀과 계기를 만들었다.

생몰년: 1542년~1605년
재위: 1556년~1605년
국가: 무굴 제국

까막눈도
유능할 수 있다

고대 문명의 발상지 중 하나였던 인도 아대륙. 역삼각형 모양의 이 지역이 통일되어 하나의 국가가 된 시기는 약 300년 전으로서 그리 오래되지 않았다.

유사 이래 소국이 분립한 상태가 계속되었던 인도에서는 16세기에 무굴 제국이 북부를 지배하며 남쪽으로 세력을 확대해 나갔다. 소수파인 이슬람교도 왕족이 다수파인 힌두교도를 통치하는 시스템이 안정될 수 있었던 데는 제3대 황제인 아크바르 대제의 공이 컸다.

다수의 종교가 공존한 기적의 공간

　제2차 세계대전 이후 독립을 이룬 인도에는 수많은 이슬람교도가 있지만 인구 대비 비율로 보면 힌두교도가 약 80퍼센트에 이른다. 그리고 16~19세기에 인도 아대륙의 남부를 제외한 대부분의 지역을 통치했던 무굴 제국의 경우도 힌두교도가 다수를 차지했다. 그러나 지배층은 소수파인 이슬람교도 왕족이었는데, 무굴 제국의 전성기를 구축한 제3대 황제 아크바르는 이교도에 매우 관용적인 자세를 보이며 나라를 다스렸다.

　1574년, 아크바르는 인도 북부의 아그라 근교에 새로운 수도 파테푸르 시크리를 만든다. 새 수도의 왕성은 중동의 이슬람 사원에서 많이 볼 수 있는 양파 모양의 지붕을 갖췄으면서도 적갈색에 기둥의 형상 등의 겉모습에서는 힌두교 사원의 영향이 강하게 느껴졌다. 이는 인도 고래(古來)의 힌두교 문화와 이슬람교 문화의 융합을 상징했다.

　아크바르는 왕성 부지에 '신앙의 집'을 짓고 이슬람교의 주류인 시아파, 시아파와 대립하는 수니파, 힌두교 성직자, 나아가서는 포르투갈에서 건너온 크리스트교 선교사, 인도에서는 소수파인 조로아스터교도, 자이나교도, 불교도까지 모아 놓고 자유롭게 종교 토론을 하게 했다. 이만큼 다양한 종교인이 모이는 장소가 생길 수 있었던 요인은 동양과 서양의 중간이라는 인도의 입지, 그리고 다른

　　　아크바르 대제

문화를 이해하는 아크바르 대제의 도량일 것이다.

몽골 제국을 계승한 무굴 왕국

인도 아대륙에 존재했던 수많은 왕조 역사에서 아크바르는 기원전 3세기의 아소카 왕과 어깨를 나란히 하는 명군으로 평가받기도 한다. 마우리아 왕조의 최전성기를 구축했던 아소카 왕은 인도 아대륙의 남단을 제외한 거의 모든 지역을 지배했는데, 불교에 깊게 귀의했으면서도 브라만교나 자이나교 등의 이교도를 보호했다.

15세기까지 인도 아대륙의 대부분이 통일되었던 시기는 마우리아 왕조 시대 정도밖에 없었다. 북부에서는 4~6세기에 굽타 왕조가 번성한 이후 소국이 분립하는 시대가 계속되어 서쪽의 페르시아에 기원을 둔 가즈나 왕조와 중앙아시아에 기원을 둔 고르 왕조 등이, 남부에서는 드라비다족이 세운 팔라바 왕조나 촐라 왕조 등이 흥망성쇠를 반복했다.

7세기에 인도 북부를 지배했던 바르다나 왕조가 쇠퇴한 이후 불교를 보호하는 유력한 왕조는 나타나지 않았고, 각지에서는 힌두교가 지배 계급과 결탁하게 된다.

13세기 이후 인도 북부에서는 델리 술탄 왕조라고 부르는 이슬람 계통의 왕조가 이어진다. 토착민인 힌두교도들은 대부분 이슬람교를 적대시했지만, 전통적인 카스트 제도에서 비롯된 가혹한 신분 차별에서 벗어나기 위해 이슬람교로 개종하는 사람도 점차 늘어났다. 여기에 실크로드 무역에 관여하는 이슬람교도 상인이 동서의 문물을 전래한다. 그리고 이런 가운데 1526년에 현재의 아프가니스탄에 해당하는 지역에서 침공한 바부르가 무굴 제국을 새로 건국한다.

바부르는 몽골과 관계가 깊은 혈통이었다. 부친의 선조는 몽골 계통의 이슬람교도이며 14세기에 중앙아시아의 대부분을 당대에 정복한 티무르이고, 모친의 선조는 몽골 제국 칭기즈 칸의 일족이었다. 아울러 무굴이라는 왕조명은 몽골에서 유래했다. 여기에서도 알 수 있듯이 근세까지의 인도 북부는 오늘날의 국경과 달리 현재의 아프가니스탄이나 이란, 중앙아시아와 이어진 지역이었다.

바부르의 아들인 후마윤은 인도 북부의 비하르에서 침공한 수르 왕조에 왕도 델리를 점령당해 잠시 페르시아로 망명했다가 1555년에 수르 왕조를 타도하고 델리를 탈환했다. 그런데 후마윤은 그 이듬해에 궁중에서 사고로 갑작스러운 죽음을 맞이하고, 당시 13세였던 적자 아크바르가 뒤를 이어 즉위한다.

아크바르 대제

이교도에게 관용을 베풀고 악습을 폐지하다

아크바르 치세 초기에는 바부르의 시대부터 중신이었던 바이람 칸이 실권을 쥐고 있었다. 그러나 당시 이미 50대였던 바이람은 19세의 왕녀를 부인으로 삼는 등 전횡을 휘둘렀기 때문에 궁중에서 많은 반발을 초래했다. 이에 아크바르는 바이람에게 메카를 순례하도록 명령해 쫓아낸 뒤 자신이 정치를 주도했다.

무굴 제국의 지배권에는 라지푸트라고 부르는 힌두교도 왕후가 세운 작은 왕국이 여럿 있었다. 바이람 칸은 이교도에게 관용을 베풀지 않는 강경파였지만 아크바르는 라지푸트 세력과의 관계 개선을 꾀했다. 그 일환으로 라지푸트의 일파인 암베르 왕국의 왕녀 마리암을 신부로 맞이했는데, 이 두 사람 사이에서 태어난 아들이 훗날 제4대 황제가 되는 자한기르다. 그리고 이 혼인을 시작으로 아크바르는 라지푸트의 왕족들과 차례차례 형식적인 인척 관계를 맺었다. 일부다처제인 이슬람 문화권이기에 가능했던 정책이라고 할 수 있겠다.

당시의 이슬람교 국가에서는 개종을 받아들이지 않는 이교도에게 인두세(지즈야) 등 각종 세금을 부과하는 것이 통례였다. 그러나 아크바르는 1563년에 성지를 순례하는 힌두교도에게 세금을 부과하지 않기로 했고, 이듬해에는 인두세를 전면 폐지했다. 그리고 힌두교도에게 관용을 보이면서 동시에 남편을 잃은 아내가 남편을 뒤를 따라 자살하는 인도의 고대 관습(사티)을 고치게 했다.

아크바르는 라지푸트 왕들의 지지를 얻어 정권을 안정시키는 한편으로 각지에 원정을 거듭했다. 1573년에는 현재의 파키스탄 남서부에 해당하는 지역을 지배하에 편입했고, 이어서 현재의 네팔과 접한 북동부, 북부의 카슈미르를 제압했다. 그리고 인도 중부의 데칸고원에 있었던 복수의 이슬람 계통 왕조를 병합함으로써 무굴 제국은 남부를 제외한 인도 아대륙의 대부분을 영토로 만들었다.

영토 확대와 함께 아크바르는 중앙 집권적 행정 기구를 정비했다. 귀족 계급을 반사브라는 관위(官位)로 구분하고 관위에 따라 영지의 징세권(자기르)을 부여했다. 그리고 귀족이 자신의 영지에서 독점적인 권력을 갖지 못하도록 징세권을 부여하는 토지를 정기적으로 변경했다. 아크바르가 실시한 이와 같은 일련의 개혁은 귀족의 힘을 줄임으로써 황제의 권력을 강화하는 동시에 각지의 영민에 대한 중간착취를 배제함으로써 농민의 이익을 확대하는 결과로도 이어졌다.

참고로 아크바르의 치세 후기에 해당하는 1580년 당시 무굴 제국의 귀족은 서방 출신인 페르시아인이 47명, 중앙아시아 출신인 우즈베크인이 48명, 힌두교도인 라지푸트가 43명이었다고 한다.

왕성한 지식욕이 새로운 종교를 낳다

아크바르의 업적 중에서 특필할 만한 것은 종교 정책을 포함한 문화적인 업적이다. 아크바르는 글을 읽지 못했지만 지식욕은 매우 왕성했다. 궁정에는 온갖 계층의 사람들이 드나들었고, 아크바르는 그런 사람들의 이야기를 듣기를 좋아했다. 또한 황제 전용 도서관에 2만 4000권이나 되는 책을 갖추고 때때로 신하에게 그 책을 낭독하게 했다. 흥미의 범위는 종교와 문학부터 조선(造船), 무기 등의 공학 기술에 이르기까지 폭넓어서, 총 여러 개의 내부를 한꺼번에 청소하는 장치를 만들게 하기도 했다.

또한 아크바르는 인도 고대의 서사시인 「마하바라타」를 페르시아어로 번역하게 하는 등 인도 문화와 서방 이슬람권 문화의 교류를 적극적으로 추진했다. 이슬람교 문화권에서는 우상 숭배를 금지한 까닭에 인물화나 조각 등의 미술 활동이 활발하지 않았는데, 100명이 넘는 페르시아인 화가를 궁전에 초대함으로써 인도 특유의 화려한 무굴 궁정 회화의 발전을 불러왔다.

앞에서 언급했듯이 다양한 종교인과의 대화를 즐겼던 아크바르는 1582년에 디네 이라히(신의 종교)라는 새로운 종교를 창시한다. 육식 금지와 유일신 신앙 등 이슬람교와 힌두교, 조로아스터교 등의 기본 요소를 합친 것 같은 종교다. 신도는 거의 궁중 관계자뿐이었고 일반인을 상대로는 포교 활동을 하지 않았다. 아무래도 신하들

무굴 제국의 영토 그전까지의 북부 왕조와
달리 인도의 남부까지 지배 지역을 확대했다.

의 종교가 다양해서 충돌이 일어나는 사태를 막기 위해 편의적으
로 자신이 교조인 종교를 만든 것이 아닐까 싶다.

진정한 일체화를 앞서 보여준 황제

아크바르의 만년에 아들인 셀림이 반란을 일으켰는데, 투항해 용
서를 받고 이후 제4대 황제 자한기르로 즉위한다. 그리고 이 자한
기르의 아들이 '타지마할'을 지은 샤 자한이다. 무굴 건축을 대표하

아크바르 대제

는 타지마할은 왕비 뭄타즈 마할의 영묘이며, 현재는 세계 유산으로 등록되어 있다.

이어서 제6대 황제인 아우랑제브 시대에 무굴 제국은 남단을 제외한 인도 아대륙의 거의 모든 지역을 지배하에 둔다. 그런데 이슬람교의 열렬한 신자였던 아우랑제브가 힌두교를 비롯한 이교도에게 부과하는 인두세를 부활시키자 인구 상으로는 다수파인 힌두교도의 반발이 커졌다. 여기에 17세기부터 인도 각지에 상업 거점을 구축하고 군을 주둔시켰던 영국이 세력을 확대했다. 결국 1857년에 일어난 대규모 반영(反英) 운동인 세포이 항쟁을 진압한 영국은 무굴 황제를 폐위시키고 인도 전역을 식민지로 만들었다. 영국은 인도를 지배하면서 의도적으로 힌두교도와 이슬람교도의 분열을 꾀했고, 이에 인도 전역을 하나의 나라로 간주하는 힌두 내셔널리즘의 기운이 세진다. 그 후 인도는 1947년에 독립하지만, 이슬람교도가 많은 지역은 파키스탄과 방글라데시로 분리·독립한다.

그렇기에 힌두교도와 이슬람교도의 융화를 꾀했던 아크바르는 오늘날의 인도에서 존경받고 있다.

23 · 루이 14세

생몰년: 1638년~1715년
재위: 1643년~1715년
국가: 프랑스 왕국

단지 태양신 아폴로 분장을
좋아해서 '태양왕'

프랑스의 역사에서 '위대한 세기'로 불렸던 18세기에 72년이라는 긴 세월 동안 군림했던 군주가 바로 루이 14세다. 절대 왕정기에 해당하는 이 시대에는 중세의 봉건 체제에서 탈피해 국왕의 주도로 중앙 집권화가 진행되었으며, 통일 국가로서 프랑스의 기틀이 확립되었다.

또한 루이 14세는 화려한 베르사유 궁전과 우아한 궁정 문화뿐만 아니라 혈통이나 가문보다 실력을 중시한 관료 기구, 국세 조사를 통한 인구 실태 파악과 국어의 통일, 예술가 보호를 통한 문화의 육성 등 많은 것을 후세에 남겼다.

4개의 왕가에서 계승된 이름

프랑스의 관광 명소로 이름 높은 베르사유 궁전은 17~18세기의 화려한 궁정 문화를 상징하는 곳이라고 할 수 있는데, 군주의 재력과 권력을 과시하고자 이 궁전을 짓게 한 인물이 바로 루이 14세다.

루이 14세는 16세기에 성립한 부르봉 왕조의 제3대 왕이다. 그런데 '루이'라는 이름은 어디에서 왔을까? 프랑스의 역사에서 이 이름은 역사가 깊어서, 9세기에 카롤루스 대제(샤를마뉴)가 세상을 떠난 뒤 프랑크 왕을 계승한 루도비쿠스 1세(프랑스어권에서는 루이 1세, 독일어권에서는 루트비히 1세)에서 시작되었다. 이후 프랑크 왕국이 분열되어 탄생한 서프랑크 왕국에서는 10세기에 카롤루스 왕조가 단절되고 카롤루스 가문의 방계인 로베르 가문이 카페 왕조를 창시했다. 일반적으로 이 카페 왕조 이후는 '프랑스 왕국'으로 불린다. 14세기에 카페 왕조가 단절되자 그 방계에서 발루아 왕조가 성립된다. 그러나 발루아 왕조도 1589년에 단절되고, 그 방계였던 앙리 4세가 부르봉 왕조를 창시했다. 요컨대 부르봉 왕조의 선조는 카롤루스 가문이며, '루이'라는 이름은 4개의 왕가에서 계승되었다.

1643년, 루이(루이 14세)가 4세의 나이로 프랑스 왕에 즉위한다. 처음에는 어머니 안이 섭정을 맡았다. 참고로 루이 14세의 아버지 루이 13세도 8세에 즉위했으며, 이탈리아의 부호인 메디치 가문 출신의 어머니 마리가 섭정이었다.

당시의 프랑스는 국내에서 가톨릭과 왕실에 적대적인 위그노(신교도)의 대립이 계속되고 있었고, 국외에서는 신성 로마 제국에서 발발한 30년 전쟁에 개입해 합스부르크 가문(오스트리아)의 힘을 약화시키려는 목적으로 신교 국가인 덴마크와 스웨덴을 편들었다. 그런데 30년 전쟁에 참전하기로 한 재상 리슐리외와 루이 13세가 잇달아 세상을 떠난다.

왕의 권력은 신에게서 온 것

훗날의 화려한 이미지와는 반대로 유소년기의 루이 14세는 고생을 많이 했다. 30년 전쟁 등으로 재정이 악화되었고, 이에 마자랭이 관료의 급여 삭감과 증세를 단행하자 귀족과 시민들이 반발해 1648년에 프롱드의 난이 일어났다. 일부 왕족까지 가담한 이 반란으로 당시 10대 초반이었던 루이 14세는 두 번이나 어머니 안과 함께 파리를 떠나 도피 생활을 해야 했다.

1661년에 마자랭이 세상을 떠나자 당시 22세였던 루이 14세는 후임 재상을 임명하지 않고 직속 최고 국무 회의를 통한 친정(親政)을 시작한다. 그가 왕에 대한 권력 집중의 논거로 삼았던 것은 신학자 보쉬에가 주장한 '왕권신수설'이었다. 이것은 왕의 권력은 신에게서 받은 것이라는 사상으로, 루이 14세는 "짐이 곧 국가이니라"라

너무 재밌어서 잠 못 드는
황제의 세계사

고 말했다고 전해진다.

　루이 14세는 프롱드의 난의 영향 등으로 파리에 사는 귀족과 부유층 시민에게 강한 불신감을 품고 있었다고 하며, 기존의 유력자였던 왕후 귀족이나 성직자를 배제하려 했다. 프랑스에서는 앙리 4세의 시대부터 관직 매매를 허용했다. 그 결과 귀족뿐만 아니라 재력이나 학식이 있는 평민층이 관계(官界)에 진출하게 되었는데, 루이 14세는 '법복 귀족'이라고 불리는 이런 관료들을 적극적으로 활용했다. 그 대표적인 예가 모직물 상인 출신으로서 재무장관에 발탁된 콜베르다. 콜베르는 국내에서 공장제 수공업을 육성하는 한편

시대	왕조명(국명)	창시자
987~1328년	카페 왕조(프랑스 왕국)	위그 카페
1328~1589년	발루아 왕조(프랑스 왕국)	필리프 6세
1589~1792년 1814~1830년	부르봉 왕조(프랑스 왕국)	앙리 4세

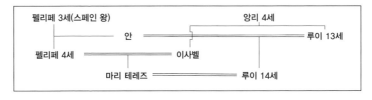

| 역대 프랑스 왕조와 부르봉 왕조의 가계도

으로 외국 제품에 높은 관세를 부과하고 프랑스 동인도 회사 등을 통해 무역을 확대하는 등 프랑스의 중상주의를 추진했다.

또한 루이 14세는 지방 영주의 권한을 축소하는 가운데 자신이 임명한 지방 장관을 각지에 파견해서 국세 조사를 실시해 인구를 파악했고, 그 밖에도 국내 지도의 제작과 국립 구빈원 설립 등 국토와 국민 전체를 시야에 둔 정치를 집행했다.

왕의 권위를 집약시킨 베르사유 궁전

루이 14세는 정무와 함께 베르사유 궁전의 조영에도 힘을 쏟았다. 파리에서 남쪽으로 약 20킬로미터 떨어진 베르사유는 루이 13세 시대까지 사냥할 때 이용하는 작은 별장이 있을 뿐인 곳이었는데, 프롱드의 난을 계기로 파리에 혐오감을 느낀 루이 14세는 베르사유에 정치의 중심지를 건설했다. 장대한 분수 정원과 수많은 조각 등의 미술품을 갖춘 베르사유 궁전은 왕의 권위를 과시하는 쇼윈도가 되었다. 루이 14세는 국민이 자유롭게 견학할 수 있도록 궁전을 개방했고, 정원 감상을 위한 소책자를 직접 만들기까지 했다.

베르사유 궁전에서의 생활은 기상해서 잠자리에 들 때까지 대규모 의식의 연속이었다. 잠에서 깨어나 옷을 갈아입은 루이 14세는 초상화에서 볼 수 있는 장발의 가발을 착용하고 알현을 위해 찾아

너무 재밌어서 잠 못 드는
황제의 세계사

온 귀족들 앞에 모습을 드러냈다. 식사 시간에는 다양한 음식 재료가 접시에 담겨서 나왔으며, 왕이 주최하는 만찬회에서 어떤 자리에 앉느냐는 귀족의 서열을 크게 좌우했다. 또한 궁중에서는 가장무도회도 자주 열렸는데, 루이 14세는 태양신 아폴로로 분장해서 '태양왕'으로 불리게 되었다.

　루이 14세는 여성 편력도 화려해서, 왕비 마리 테레즈와의 사이에서 낳은 적자 이외에 몽테스팡 후작 부인이나 라 발리에르 등의 애첩이 낳은 서자까지 포함하면 자녀가 20명 정도나 되었다. 젊고 아름다운 여성뿐만 아니라 기지가 넘치고 교양 있는 여성도 좋아했으며, 서자도 적자와 똑같이 후대했다. 왕비가 세상을 떠난 뒤 46세에 맹트농 후작 부인과 재혼했는데, 보수적인 가톨릭교도였던 후작 부인의 영향을 받아서인지 이후에는 여성을 멀리했다고 한다.

　한편 루이 14세의 주위에는 프롱드의 난에 참가했던 보포르 공작 등과의 대립이나 스캔들에 대한 소문도 적지 않았다. 명문 귀족이면서도 수많은 범죄를 저질렀던 외스타슈 도제는 사실 루이 14세의 배다른 형이며, 바스티유 감옥에 수감되었던 수수께끼의 인물 철가면(실제로는 벨벳으로 만든 마스크를 착용)이 바로 그라는 이야기가 있다.

문화 예술 지원을 통해 중앙 집권회를 강화하다

현재의 프랑스는 수많은 예술가와 문학자를 배출한 예술 대국으로서 부동의 지위를 구축하고 있는데, 이 지위를 확립시킨 인물도 루이 14세다. 16세기 유럽에서 예술, 문학, 자연 과학 등의 중심지는 르네상스의 발신지였던 피렌체나 베네치아 등 이탈리아반도였다. 그런 상황 속에서 1635년에 리슐리외가 시인과 극작가 등을 지원하는 학술 단체 '아카데미 프랑세즈'를 설립한다. 그리고 루이 14세는 이곳의 후원자가 되어 극작가인 몰리에르, 『빨간 두건』과 『장화 신은 고양이』 등으로 유명한 동화 작가 페로 등 수많은 문학자를 지원했다. 또한 베르사유 궁전의 내장을 담당한 화가 르브룅을 중심으로 왕립 회화 조각 아카데미를 설립해 예술가를 육성했다.

왜 왕이 이렇게 문화인을 지원한 것일까? 그것은 왕실의 재력과 도량을 과시하는 동시에 중앙 집권화의 수단 중 하나였기 때문이다. 당시는 부르고뉴나 플랑드르 등 지방별로 사용하는 방언이 크게 달랐다. 그래서 프랑스 전역에서 읽는 문학을 진흥시킴으로써 통일된 프랑스어 표기법을 확대시킨다는 의도가 있었던 것이다.

또한 루이 14세는 파리의 생 드니의 문 등 왕의 권위를 상징하는 기념비적인 건조물이나 왕의 동상 등을 대량으로 만들게 했다. 이것도 그전까지 지역 영주나 교회에 소속되어 있었던 각지의 주민에게 '프랑스는 루이 14세라는 유일한 군주가 지배하는 나라'라는 이미지를 정착시켜 프랑스 국민으로서의 의식을 심기 위한 수단이었다고 할 수 있다.

국고가 비어 가는데도 계속한 대외 전쟁

1685년에 거의 완성된 베르사유 궁전의 조영 비용은 국가 예산의 약 8퍼센트에 이르렀다. 그러나 그 이상으로 국가 예산을 압박하는 것이 있었으니, 바로 전쟁 비용이었다. 매년 지출되는 전쟁 비용이 국가 예산의 약 30퍼센트를 차지하고 있었던 것이다.

1667년에는 플랑드르 지방의 지배권을 둘러싸고 스페인과 네덜란드 왕위 계승 전쟁을 벌였다. 1672년에는 잉글랜드, 스웨덴과 동맹을 맺고 네덜란드를 침공해 불란 전쟁(네덜란드 침략 전쟁)을 일으켰다. 1688년에는 신성 로마 제국 영내의 팔츠 선제후령 계승 문제에 개입해 신성 로마 제국과 잉글랜드, 스페인 등을 상대로 팔츠 계승 전쟁(대동맹 전쟁)을 시작했다.

유럽에서의 전쟁과 함께 북아메리카 대륙에서도 식민지를 둘러싸고 잉글랜드와 윌리엄 왕 전쟁을 벌인다. 해외 영토를 둘러싼 잉글랜드와의 대립은 19세기까지 계속되었는데, 이것을 제2차 백년 전쟁이라고 부르기도 한다.

만년인 1701년에는 스페인 합스부르크 가문의 단절에 따른 왕위 계승 문제에 개입해 또다시 잉글랜드와 신성 로마 제국 등을 상대로 스페인 왕위 계승 전쟁을 일으켰다. 이 전쟁은 루이 14세가 세상을 떠나기 전해인 1714년까지 계속된다.

이러한 일련의 전쟁은 16세기 이후 프랑스에서 제창되었던 '자연 국경설'에 입각해 남쪽으로는 피레네산맥, 동쪽으로는 라인강까지를 프랑스의 영토로 간주하고 부르봉 왕조의 국제적인 영향력을 확대하려는 의도로 실시된 것이었다. 현재 프랑스의 국경은 루이 14세 시대에 거의 확정되었다고 할 수 있다. 그러나 전쟁을 치르느라 국력을 크게 소모했던 까닭에 루이 14세는 왕위 계승자인 증손

| 루이 14세 치세의 프랑스 왕국　자연 국경설에 입각해 주변국들과 잇달아 전쟁을 벌인 결과, 프랑스의 국고는 점점 비어 간다.

너무 재밌어서 잠 못 드는
황제의 세계사

자 루이(훗날의 루이 15세)에게 "전쟁에 관해서만큼은 절대 나를 따라 하지 말아라"라는 유언을 남겼다.

그리고 또 한 가지 화근은 국내의 위그노에 대한 탄압이었다. 1598년에 앙리 4세는 '낭트 칙령'을 선포해 위그노에게도 신앙의 자유를 부여했다. 그러나 이후에도 물밑에서는 종교 대립이 계속되었는데, 루이 14세는 1685년에 '퐁텐블로 칙령'을 선포해 낭트 칙령을 폐지했다. 중앙 집권을 진행하는 루이 14세로서는 종교의 일원화도 필연이었던 것이다. 그 결과 약 20만 명이나 되는 위그노 상공업자가 네덜란드 등으로 망명해, 일시적으로 부와 공업 기술의 해외 유출을 초래했다.

이루어지지 못한 '대불 제국'

루이 14세의 치세는 72년이나 계속되었고, 그 사이 태자 루이와 그의 아들인 부르고뉴 공작 루이가 세상을 떠났다. 이 때문에 1715년에 루이 14세가 세상을 떠나자 당시 아직 5세였던 증손자 루이가 왕위를 계승해 루이 15세가 된다.

루이 15세는 루이 14세의 유언을 지키지 않고 1756~1763년에 걸쳐 그레이트브리튼 왕국(영국), 프로이센 왕국 측과 프랑스, 오스트리아를 비롯한 유럽 열강이 싸운 7년 전쟁에 참전했다. 이 시기에 현재의 독일 북동부에 위치한 프로이센 왕국이 강대해졌는데, 이 때문에 프랑스는 200년 가까이 대립 관계였던 오스트리아의 합스부르크 가문과 손을 잡을 필요가 생겼다. 한편 프랑스는 인도에서 벌어진 플라시 전투에서 영국에 패하고 북아메리카에서도 영국군에 패함으로써 인도와 북아메리카 대륙에 대한 영향력을 상실했다. 만약 이때 프랑스가 승리했다면 19세기에는 '대영 제국'이 아니라 '대불 제국'이 탄생했을지도 모른다.

그 후 1744년에 루이 16세가 즉위하고, 그로부터 15년 뒤 '프랑스 혁명'이 일어남에 따라 부르봉 왕조는 역사의 무대에서 퇴장한다. 혁명의 배경으로는 전쟁 비용을 조달하기 위해 무거운 세금을 부과한 점, 왕족이 파리에서 떨어진 베르사유 궁전을 정치와 생활의 장으로 삼은 까닭에 파리에 사는 시민 계급과의 의식 차이가 벌어진 점이 지적된다. 이러한 것들은 루이 14세가 남긴 부정적인 유산이라고 할 수 있다.

그러나 혁명 후 현재까지 계승된 프랑스라는 나라의 틀, 즉 국토, 통일된 프랑스어, 중앙 집권적인 관료 기구, 우아한 문화 대국이라는 이미지의 원형을 만들어 낸 인물이 루이 14세인 것 또한 분명한 사실이다.

너무 재밌어서 잠 못 드는
황제의 세계사

24 · 강희제

생몰년: 1654년~1722년
재위: 1661년~1722년
국가: 청

중국 역사상 가장 긴
61년간의 황제 노릇

중국의 마지막 왕조인 청은 한족이 아닌 만주족이 세운 나라다. 이 청 왕조의 제4대 황제인 강희제는 61년이라는 오랜 기간에 걸쳐 군림했는데, 이것은 역대 중국 황제 중에서도 가장 긴 재위 기간이다. 호기심과 배움의 화신이었던 강희제는 한족이나 크리스트교 등의 이 문화에 강한 흥미를 보였으며 이것을 적극적으로 받아들일 수 있는 넓은 도량을 갖춘 인물이었다. 총명한 군주를 얻은 청은 과거의 중국 역사를 살펴봐도 유례가 없는 성장을 이룩한다.

누르하치가 창건한 여진족의 왕조

고대부터 중국의 왕조에서는 붕어한 황제에게 시호를 바치는 전통이 있었다. 전한의 '고조'나 당의 '태종'도 시호이며, 그 밖의 역대 황제도 '조(祖)' 혹은 '종(宗)'이 붙은 시호를 받았다. '조'는 왕조를 건국한 황제나 천도한 황제에게 사용되는 것이 통례인데, 청의 강희제(애신각라현엽)는 제4대 황제이면서도 '성조(聖祖)'라는 시호를 받았다. 이것은 강희제가 왕조 건국에 필적하는 위업을 이루었기 때문이다.

청은 중국 북동부를 중심으로 반목반농 생활을 하던 여진족이 세운 왕조로, 강희제는 여진족의 유력 씨족이었던 애신각라 출신이다. 증조부인 누르하치(태조)는 총명함과 무용을 겸비한 인물이어서, 대립하는 씨족들을 차례차례 제압하고 1616년에 여진족의 국가를 수립했다. 건국 당시의 국호는 '아이신 구룬'이며, 한자로는 '후금(後金)'으로 표기된다. 중국 북동부에는 1115년부터 1234년까지 여진족이 건국한 금 왕조가 있었는데, 후금은 이 금에서 따 온 국호였다.

건국 당시 후금은 명의 속국이라는 처지였으나 만년의 누르하치는 명에 적대 자세를 드러냈고, 누르하치의 뒤를 이은 아들 홍타이지(태종)는 중국 대륙 전역의 제압에 나선다. 후금의 군대는 장성을 돌파해 북경으로 진군하지만 패배한다. 이에 전략을 바꾼 홍타이지는 현재의 내몽골 주변으로 진군해 1635년에 원 왕조의 후신인 북원을 멸망시킨다. 그리고 원 왕조의 후예로부터 '대원전국의 새'라는 옥새를 넘겨받아 몽골 부족들을 통솔하는 칸, 즉 황제가 된다.

이어서 홍타이지는 조선 왕조도 속국화하며 명을 공략하기 위한 발판을 착실하게 다져 나갔다. 국호를 청으로 바꾼 것은 1636년이었다. 청이라는 국호의 유래에 관해서는 여러 가지 설이 있는데, 오행설에서 명은 화(火)의 덕을 지녔다고 여겨졌기에 이를 교체하는 수(水)의 의미를 부여하기 위한 '삼수변(氵)'과 동쪽을 나타내는 색인 '청(靑)'을 조합했다는 설이 유력하다. 또한 이와 동시에 민족명도 여진에서 '만주'로 바꿨다. 그 유래는 중국의 북동부에 산다고 여겨지는 문수보살로, 만주라는 지명이 있었던 것이 아니다.

홍타이지가 세상을 떠난 뒤에는 아들인 복림이 제3대 황제(순치제)로 즉위한다. 이 무렵의 명은 정치 부패가 심했고 무거운 세금 등 압정에 시달린 민중은 불만이 많았다. 이윽고 관리 출신의 이자성을 지도자로 세운 농민군의 반란이 일어났고, 북경은 이자성에게 제압당한다. 그리고 명의 숭정제가 자살하면서 명은 1644년에 멸망한다.

북경이 함락된 이유 중 하나로는 명의 주력 부대가 청의 침략을 저지하기 위해 분산되어 있었던 점을 들 수 있다. 양국의 국경에 위치한 산해관(허베이성 친황다오시)을 수비하던 장군 오삼계는 명이 멸망했음을 알자 청에 투항했고, 청군은 그의 안내를 받으며 북경으

로 쳐들어갔다. 탈출한 이자성은 각지를 유랑하다 살해당했다는 말
도 있고 자살했다고도 전해진다. 이렇게 해서 청은 북경을 제압하
고 중국 대륙의 지배자가 되었다.

8년에 걸친 국내 평정

강희제는 아버지인 순치제가 세상을 떠나자 1661년에 제4대 황
제로 즉위했는데, 당시 아직 8세의 어린 나이였기에 처음에는 늙은
신하가 정치를 보좌했다. 친정이 시작된 시기는 그가 14세가 되었
을 때였다.

당시 청의 가장 큰 과제는 '삼번(三藩)'에 대한 대처였다. 삼번은
청의 국내 평정에 협력한 명의 세 항장(降將)이 지배하는 지방 정권
의 총칭으로 오삼계는 운남, 상가희는 광동, 경중명은 복건을 지배
했다. 이 삼번은 중앙 정부에 속해 있기는 하지만 독자적인 군대와
행정권을 보유하고 있었는데, 강희제가 영내에서 독선적 행위를 일
삼는 삼번을 없애기로 결심하자 1673년에 삼번의 난을 일으킨다.
섬서의 왕보신과 광서의 손연령 같은 중신들도 일제히 거병한 까
닭에 한때 장강 이남을 점령당하기도 하지만, 강희제는 끈질기게
싸움을 계속해 8년 만에 난을 진압하고 삼번의 영지를 접수해 중국
본토 지배를 완성한다.

중국 역사상 최초로 서양 국가와 조약을 맺다

청에 반기를 들었던 당시의 세력 중에는 타이완의 정 씨 정권도 있었다. 정성공은 명 왕실의 생존자를 황제로 옹립하고 반란을 일으키지만 패배하고 타이완으로 건너가 정권을 수립한다. 그러나 강희제는 삼번의 난을 진압한 뒤 타이완을 침공해 정 씨 정권을 멸망시켰다.

북쪽으로 눈을 돌리면, 당시는 부동항을 노리는 러시아가 남하할 태세를 강화하고 있었기 때문에 그에 대한 대처가 급선무였다. 강희제는 러시아와의 국경에 위치한 알바진에 군대를 파견해 러시아의 요새를 공격하고, 이와 병행해 강화 교섭을 진행했다. 그 결과 양국은 1689년에 '네르친스크 조약'을 맺었는데, 이때 국경을 아무르강보다 훨씬 북쪽에 있는 스타노보이산맥의 능선으로 정함으로써 러시아 남하를 당분간 저지할 수 있었다. 이 네르친스크 조약은 중국 역사상 최초로 서양 국가와 맺은 조약이었다. 또한 조약이 중국 측에 유리한 내용으로 체결된 것은 청 왕조 후기에 서양 열강과 불평등한 조약을 교환했던 사실을 생각하면 주목할 만하다.

강희제는 1687년부터 몽골 계통 부족인 오이라트가 건국한 중가르에도 군대를 파견했다. 손자인 제6대 황제 건륭제의 치세인 1759년까지 실시한 전쟁의 결과로 외몽골과 티베트, 신장을 지배권에 편입했는데, 여기에 내몽골과 청해를 추가한 이들 지역을 '번부'라

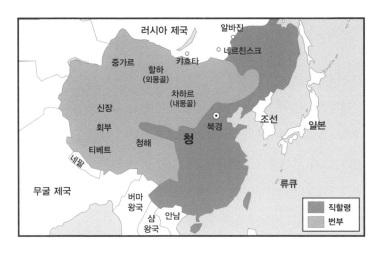

　　　정복한 티베트나 내몽골 등의 번부에 대해서는 자치를 인정하고 간접 통치했으며, 그 밖의 국토는 직할령으로 삼았다.

고 부르고 부족의 수장 등을 통한 자치를 인정했다. 이 번부와 타이완을 포함한 청의 최대 영토는 과거의 원을 능가할 만큼 광대했다.

청은 원과 같은 정복 왕조이지만 한족에 대한 접근법이 크게 달랐다. 강희제는 만주족과 한족의 융화를 꾀했다. 구체적으로는 순치제 시대에 도입되었던 과거를 유지했으며, 중앙 관청에 해당하는 육부의 관료 정원을 짝수로 정하고 만주족과 한족의 비율을 똑같이(만한병용제) 만들었다. 반면에 반청적인 언론은 탄압했으며(문자의 옥), 한인 남성에게는 변발을 강제했다.

강희제는 한족의 문화와 전통에도 이해를 보여 한자 사전인『강

　　　　　　　　　　　　　　　　　　　　　강희제

희자전』 등의 편찬 사업을 실시했다. 『강희자전』은 높은 평가를 받아서, 이 책에 기재된 한자는 일본에서 쇼와 시대 초기까지 정식 한자 서체의 모범이 되었다.

예수회 선교사인 조아킴 부베에 따르면 강희제는 공자의 저서 대부분을 암기하고 있을 만큼 독서를 즐겼으며 문학을 좋아했다고 한다. 그의 치세에는 문학과 지리, 수학 등 다양한 분야의 사전과 학술서가 편찬되었다. 또한 강희제는 예수회 선교사에게 기하학과 서양 음악 등도 배웠다고 한다.

인구 증가를 촉진한 세제 개혁

강희제는 민중의 부담 증가를 피하고자 각종 감세 정책을 도입했다. 삼번의 난에 따른 전쟁 비용도 무거운 세금을 부과해서 마련하지 않고 국고에서 각출했으며, 전쟁터 부근의 백성에게는 매년 감세 조치를 실시했다. 이렇게 대규모 감세를 실시할 수 있었던 배경에는 강희제의 철저한 검약이 있었다. 명대 말기에 궁정 비용이 하루 은 1만 냥이었던 데 비해 강희제 시대의 궁정 비용은 1개월에 은 500~600냥이었다고 한다.

국고에 여유가 생긴 청에서는 한층 강력한 세제 개혁이 실시되었다. 고대부터 중국에서는 사람을 과세 대상으로 삼는 인두세가 있었는데, 청에서는 1711년의 성인 남성 인구(2462만 명)를 상한선으로 그 이상의 증가분에 대해서는 정은(인두세)을 면세하고 별도 납부인 지은(토지세)으로 일원화함으로써 정은을 폐지했다. 이 '지정은'이라고 부르는 새로운 세금 제도 아래 1억 대 중반까지 증가했던 청의 총인구는 1726년에 2억 명, 1790년에는 3억 명을 돌파한 것으로 보인다. 다만 실제 인구가 숫자대로 증가했는가 하면 반드시 그렇지는 않다. 적어도 지정은을 도입하고 얼마 동안은 과세를 피하고자 거짓으로 보고했던 각 세대의 인구가 정확하게 보고된 영향으로 봐야 할 것이다. 물론 그렇다고 해도 청의 인구가 방대했다는 사실에는 변함이 없다. 인구 증가를 가능케 한 배경으로는 유럽인의 대항해로 옥수수와 감자, 고구마, 호박 등 아메리카 대륙 원산의 농작물이 중국에 확산된 점을 들 수 있다.

또한 강희제는 중국 본토의 통일을 계기로 명 시대부터 계속되어 온 해금 정책을 해제했다. 생사(고치에서 뽑아낸 실)와 차, 도자기를 주력 수출품으로 삼는 무역이 활발히 실시된 결과 유럽의 은이 대량으로 유입되었고, 이에 따라 청의 경제는 크게 발전했다.

아홉 황자의 후계자 싸움

이처럼 각종 개혁을 실시한 강희제는 만년에 후계자 문제로 골머리를 앓았다. 아들 35명 중에서 황태자로 선택된 인물은 황후와의 사이에서 태어난 제2황자 인청이었다. 교육열이 높았던 강희제는 때때로 황자들을 전쟁터로 데려가서 군대 지휘 등을 배우게 했다고 한다. 그런 가운데 인청의 측근이 모반 혐의로 실각하는 사건이 일어난다. 후원자를 잃은 인청은 자포자기에 빠져 점차 비행을 일삼게 되었고, 강희제는 어쩔 수 없이 인청을 폐위시킨다.

만주족에는 장자 상속의 관습이 없었기 때문에 궁중에서는 나이가 찬 아홉 형제의 황위 다툼이 벌어졌다. 이것을 '구왕탈적(九王奪嫡)'이라고 부른다. 결국 강희제는 새로운 황태자를 세우지 않은 채 1722년에 세상을 떠나고, 임종 시의 유언에 따라 제4황자인 윤진이 이듬해인 1723년에 제5대 황제 옹정제로 즉위한다.

이후 청 왕조에서는 황태자 없이 황제가 후계자의 이름을 적은 종이를 사후에 공개하는 '저위밀건법(儲位密建法)'이 채용된다. 이에 따라 후계자 싸움이 사라진 것도 청의 중국 지배가 안정될 수 있었던 이유 중 하나다.

아버지의 뒤를 이은 옹정제는 독재 체제의 강화에 힘썼고, 그의 아들인 제6대 황제 건륭제는 청의 최대 영토를 실현했다. 이 3대의 치세가 청의 최전성기였으며, 광대한 영토와 방대한 인구를 자랑하는 현재 중국의 기틀은 강희제가 쌓아 올렸다고도 할 수 있다.

너무 재밌어서 잠 못 드는
황제의 세계사

생몰년: 1672년~1725년
재위: 1682년~1725년
국가: 러시아 제국

그가 모스크바를
매우 싫어한 이유

러시아의 역사는 표트르 대제의 치세를 전후로 크게 달라진다. 표트르 대제는 행동력이 동반된 호기심과 강력한 리더십을 통한 대개혁으로 당시 유럽의 후진국이었던 러시아의 서구화를 강력하게 추진했으며, 그 영향력은 베링해까지 미쳤다.
표트르 대제는 왜 열정적으로 근대화를 추진하게 되었을까? 그리고 러시아는 어떻게 변화했을까?

작은 마을에서 자란 황제

러시아 제국은 황제(차르) 표트르 1세 시대에 시작되었다. 이 러시아의 기원을 거슬러 올라가면 9세기경에 건국된 키예프 공국과 12세기에 성립된 노브고로드 공화국에 다다른다. 13세기에는 몽골 계통의 킵차크한국에 지배당하고 있었는데, 이 상태를 '타타르의 멍에'라고 한다.

이윽고 모스크바를 본거지로 삼는 모스크바 대공국이 1480년에 몽골의 지배에서 벗어난다. 그리고 이반 3세는 동로마 제국 마지막 황제의 혈연을 아내로 맞이함에 따라 로마 제국의 계승을 주장한다. 그래서 모스크바 대공국을 '제3의 로마 제국'이라고 부르기도 한다.

1567년에는 뇌제(雷帝) 이반 4세가 대관식을 거행하고 정식으로 차르의 칭호를 사용한다. 또한 이반 4세는 동방 개척에 힘을 쏟아 시베리아까지 영토를 확장했다.

이반 4세가 세상을 떠난 뒤, 내분 끝에 로마노프 왕조의 시조인 미하일 로마노프가 1613년에 즉위한다. 표트르는 1762년에 로마노프 왕조의 제2대 황제인 알렉세이 미하일로비치와 두 번째 황후 사이에서 태어났다. 형제로는 배다른 누이인 소피아, 배다른 형인 표도르와 이반이 있었다.

1676년에 황제 알렉세이가 눈을 감자 표도르가 표도르 3세로 즉

표트르 대제

위한다. 그러나 표도르3세는 6년 만에 병으로 세상을 떠났는데, 그 뒤를 이어서 표트르가 황제가 되었지만 표트르파와 이반파 사이에 권력 싸움이 벌어진다. 표트르의 외할아버지가 살해당하는 등 피로 얼룩진 싸움 끝에 양 파는 표트르와 이반을 함께 황제로 세우는 공동 황제 체제에 합의하고, 1682년에 10세의 표트르 1세와 16세의 이반 5세가 즉위한다. 그리고 이반의 친누나인 20대 중반의 소피아가 두 황제의 섭정이 되어 이후 8년 동안 러시아를 통치한다. 이 권력 싸움으로 표트르 1세는 모스크바에 혐오감을 느끼게 된다.

표트르 1세는 황제였지만 크렘린이 아닌 모스크바 교외의 마을

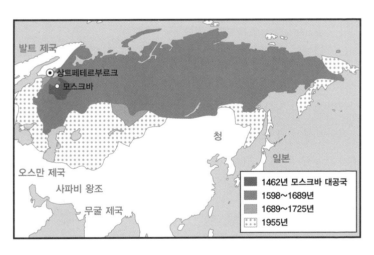

표트르 1세 치세 전후의 러시아 제국 영토　　로마노프 왕조의 군주는 동방 개척을 추진했으며, 표트르 1세 시대에는 마침내 베링해에 다다랐다.

에서 제왕학 교육을 받지 않고 자랐다. 15세 무렵에는 귀족과 마을의 아이들을 모아서 진짜 대포와 총을 가지고 전쟁놀이를 했다. 마을 마부의 아들이며 훗날 원수까지 진급하는 알렉산드르 멘시코프와 만난 것도 바로 이때다.

또한 표트르 1세는 종교적인 이유로 만들어진 모스크바 교외의 외국인 마을에 종종 놀러 갔다. 그곳에는 네덜란드인 기술자와 스위스인 용병 등 1200명이 넘는 외국인이 있었는데, 표트르 1세는 그들과 교류하면서 네덜란드어와 춤, 승마, 펜싱, 조선(操船) 기술, 천문 관측 기술을 익혔다.

이와 같은 환경에서 자란 표트르는 이윽고 키가 2미터가 넘는 대장부로 성장한다.

신분을 숨기고 사절단에 섞여 서유럽을 방문하다

표트르파는 소피아가 섭정으로서 권력을 휘두르는 데 불만을 품고 있었다. 그래서 1689년에 표트르 1세를 3세 연상인 귀족의 딸 예브도키야 로푸히나와 결혼시킨 뒤 성인이 된 것을 명분으로 소피아를 섭정에서 해임시키려 한다. 이 사실을 안 소피아는 표트르 1세 암살 계획을 세우지만 발각되어 실각하고, 이것은 이반파의 몰락으로 이어진다.

라이벌이 사라지자 1694년부터 친정에 나선 표트르 1세는 이듬해에 북해 북동부의 아조프해와 접해 있는 오스만 제국의 아조프 요새를 공격한다. 아조프해에서 크리미아반도를 지나 흑해로 진출하고자 하는 러시아에게 아조프 요새는 눈엣가시 같은 존재였기 때문이다. 이 전투에는 표트르 1세도 포병 하사관으로 참전했는데, 결국 러시아의 패배로 끝난다. 그러자 표트르 1세는 외국인 기술자에게 군함을 건조케 해서 러시아 최초의 함대를 설립한 뒤 1696년에 재차 아조프 요새를 공격했고, 이번에는 함락에 성공한다. 이것은 부동항을 획득하려 하는 러시아 남하 정책의 첫발이었다.

표트르 1세는 국지적인 승리를 거두기는 했으나 다른 유럽 국가들과 손을 잡지 않으면 강대한 오스만 제국에 대항할 수 없음을 깨달았다. 그래서 1697년 3월 말에 250명이나 되는 대규모 사절단을 서유럽에 보낸다. 이 사절단에는 외교 이외의 목적도 있었다. 서유럽의 선진적인 기술을 습득(무기 구입이나 공작 기계와 제도 기구의 입수)하고 외국인 기술자를 고용하는 것이었다. 그런데 놀랍게도 이 사절단에는 가명을 써서 신분을 숨긴 표트르 1세도 포함되어 있었다. 가명을 쓴 이유는 황제의 부재를 타국에 알리고 싶지 않았기 때문이라고도 하고, 의례에 얽매이고 싶지 않았기 때문이라는 말도 있다.

네덜란드를 방문한 표트르 1세는 동인도 회사의 조선 공장에서 동료 10명과 4개월 동안 일하며 기술을 습득했다. 레이던 대학에서는 사체 해부 강의를 들었고, 네덜란드의 질서 정연한 거리와 견고

한 집과 운하 등 도시 건축에도 흥미를 보였다. 잉글랜드에서는 해군 훈련을 견학하고 "러시아 황제보다 잉글랜드 해군의 대장이고 싶다"라는 감상을 말했으며, 물리학자 아이작 뉴턴이나 천문학자 에드먼드 핼리를 만나기도 했다.

1698년 8월, 표트르 1세는 모스크바에서 총병의 반란이 일어났다는 보고를 받고 급히 귀국한다. 이 반란의 주모자로 지목된 소피아는 반란이 진압된 후 수도원에 유폐되어 그곳에서 생애를 마친다. 한편 사절단은 1년 반 동안의 외교를 마치고 반란이 진압된 뒤 모스크바로 돌아왔다.

귀국한 다음 날, 표트르 1세는 마중을 나온 귀족 고관의 긴 턱수염을 가위로 잘라 버린다. 당시 러시아에서는 수염을 소중하게 생각해서, 수염이 없으면 천국에 가지 못한다고 할 정도였다. 그런 상황에서 표트르 1세는 턱수염을 기른 사람에게 '수염세'를 징수하겠다고 선언하고 복장도 민족의상이 아닌 독일풍의 양복을 입도록 통지했는데, 여기에는 먼저 겉모습부터 근대화를 시작하겠다는 생각이 담겨 있었다. 또한 그때까지 9월이 새해였던 달력을 잉글랜드가 사용한 율리우스력으로 바꾸고 1700년부터 1월을 새해로 만들었다.

이렇게 서유럽 문명에 감화된 표트르 1세를 당시의 사람들은 매우 두려워했다고 한다.

스웨덴을 누르고 북동 유럽의 강국이 되다

러시아의 적은 오스만 제국만이 아니었다. 발트해의 패권을 쥐고 있던 칼 12세의 스웨덴도 위협적인 존재였다.

표트르 1세는 덴마크, 폴란드 등과 북방 동맹을 맺고 오스만 제국과 휴전한다. 그리고 1700년 스웨덴에 선전포고하고 대북방 전쟁을 시작한다. 러시아군은 첫 번째 싸움에서 스웨덴군에 완패했지만 군을 재건해 결국 승리했고, 그 결과 러시아는 스웨덴 대신 북동 유럽의 강국으로 떠오른다.

1721년에 러시아는 스웨덴과 강화 조약을 맺고 현재의 발트 3국 지방을 획득한다. 그리고 같은 해에 표트르 1세는 러시아의 최고 행정·사법 기관인 원로원으로부터 '황제(임페라토르)', '대제' 칭호를 받는다. 역사에서는 이때를 러시아 제국이 탄생한 시기로 본다.

표트르의 거리를 만들다

표트르 1세는 내정에서도 대규모 개혁을 실시했다. 1703년에는 발트해로 통하는 네바강 하구에 기존의 수도인 모스크바를 대신할 새로운 수도 건설을 시작한다. 스웨덴에 대한 견제, 러시아 유일의 무역항 아르한겔스크가 서유럽으로부터 멀어서 불편하다는 점, 방문했던 서유럽 국가들의 거리 모습에 대한 동경, 모스크바에 대한 혐오감 같은 것들이 천도의 배경으로 생각된다. 새로운 수도의 명칭은 '상트페테르부르크'로, 부르크는 '거리'를 나타내기에 '표트르의 거리'와 '성 베드로의 거리'라는 두 가지 의미가 있다.

완성된 상트페테르부르크는 구획이 정리된 계획도시였다. 귀족과 관리가 모여들어 1725년에는 인구가 최소 4만 명에 이르렀다. 여담이지만, 러일 전쟁 당시 쓰시마 해전에 참여했던 발트 함대는 이 무렵 창립되었다.

또한 표트르 1세는 광산의 개발을 명령했고, 이에 따라 우랄산맥 동쪽에 위치한 시베리아의 자원 개발이 활발해졌다. 그 결과 러시아 국내의 철 생산량이 증가해 무기 분야 등의 중공업이 발전했을 뿐만 아니라 철 수출이 러시아의 중요한 재원이 된다. 영국의 산업 혁명도 러시아에서 수입한 철이 없었다면 성립되지 못했으리라고 여겨지고 있다.

여제의 시대가 도래하다

만년의 표트르 1세는 후계자 문제로 골머리를 앓았다. 근대화에 부정적이었던 황태자 알렉세이와 대립한 것이다. 알렉세이가 빈으로 도피하자 표트르는 그의 황위 계승권을 박탈했다. 그 후 러시아로 돌아온 알렉세이는 고문과 재판을 받고 사형이 결정되었으며, 재판 직후 사망했다.

표트르 1세는 두 번째 서유럽 방문에서 베르사유 궁전을 방문한 뒤 방광염이 악화되어 1725년에 52세를 일기로 세상을 떠난다. 그러자 중신이었던 멘시코프의 후원 아래 표트르 1세의 황후 예카테리나가 황제에 즉위한다. 이것은 표트르가 정한 황위 계승법에 남녀 구별에 대한 기재가 없었기에 가능한 일이었다. 18세기의 러시아는 그 밖에도 표트르의 사업을 계승한 독일 출신의 예카테리나 2세 등 모두 4명의 여제가 즉위해 '여제의 세기'로 불린다.

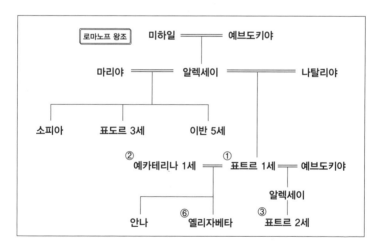

| 표트르 1세를 중심으로 본 로마노프 왕가의 계보

정치와 산업, 군사 발전 등 러시아가 근대 국가로 발돋움하기 시작한 밑바탕에는 서유럽에 대한 표트르 1세의 동경심이 있었다고 할 수 있겠다.

생몰년: 1717년~1780년
재위: 1740년~1780년(오스트리아 대공으로서)
국가: 오스트리아 대공국, 헝가리 왕국, 보헤미아 왕국

일개 가문의 어머니에서
최고 실권자로

근대 유럽에는 봉건적 제도 개혁에 힘을 쏟아 계몽 전제 군주로 불린 왕들이 있었다. 그중 한 사람인 마리아 테레지아는 신흥국 프로이센의 대두 등으로 신성 로마 제국이 위협받는 상황에서 누구의 기대도 받지 못한 채 합스부르크 가문을 계승하지만, 프랑스와의 동맹이라는 동맹의 역전을 가져오는 등 신성 로마 제국의 국제적인 영향력을 회복시킨다. 또한 아들인 요제프와의 공동 통치 체제로 오스트리아의 중앙 집권화, 교회의 민중 지배력 축소 등의 개혁을 추진했다.

황제의 혈통이면서도 여제가 아닌 이유

유럽의 왕실에는 혼자서 왕위를 여러 개 가졌던 군주가 다수 있었다. 마리아 테레지아의 주요 지위는 오스트리아 대공과 헝가리 여왕이었다. 신성 로마 제국을 통치하는 합스부르크 가문의 정통 계승자였음에도 황제는 어디까지나 마리아 테레지아의 남편인 프란츠 1세였다. 신성 로마 제국의 제위가 남성으로 한정되어 있었기 때문이다.

15세기부터 신성 로마 제국의 제위를 독점해 온 합스부르크 가문은 제국 내외의 많은 왕족과 인척 관계를 맺었다. 그래서 당시 유럽에는 본토와 떨어져 있는 영토가 많았으며, 유럽 각지가 합스부르크 가문의 영향력 아래에 있었다. 그런데 1618년부터 1648년까지 계속된 30년 전쟁에서는 신성 로마 제국과 프로테스탄트 제후의 싸움에 유럽 각국이 개입했고, 결과적으로 많은 제후가 합스부르크 가문의 지배에서 벗어나 자치권을 확대했다. 그러나 신성 로마 제국은 17세기 후반 황제 레오폴트 1세의 통치 아래 오스만 튀르크 제국의 침공을 물리치고 헝가리와 체코, 루마니아를 지배하며 세력을 되찾았다.

1700년에는 스페인의 합스부르크 가문이 단절되고, 프랑스와의 스페인 왕위 계승 전쟁을 거쳐 프랑스 부르봉 왕조의 방류가 스페인 왕위를 계승한다. 다만 구 스페인 합스부르크 가문의 영지였던 남네덜란드와 이탈리아의 밀라노, 나폴리 왕국, 사르데냐 지배권은 오스트리아 합스부르크 가문이 계승했다. 이에 따라 신성 로마 제국은 중부 유럽뿐만 아니라 서유럽과 지중해 연안에서도 강력한 영향력을 유지한다. 한편 독일 북부의 프로이센 공국은 스페인 왕위 계승 전쟁을 거쳐 왕국으로 격상되고 프로테스탄트 제후국 가운데 최대 세력으로 떠오른다.

마리아 테레지아는 이처럼 합스부르크 가문이 서쪽의 프랑스와 동쪽의 프로이센으로부터 압박받는 상황에서 태어났다. 처음에는 왕위 계승자로 간주되지 않았기 때문에 어린 시절의 기록이 거의 남아 있지 않다. 소녀 시절의 마리아 테레지아에게는 결혼 후보가 많았는데, 훗날 최대의 숙적이 되는 프로이센의 프리드리히 2세도 그 후보 중 1명이었다. 마리아 테레지아보다 5세 연상인 프리드리히는 1740년에 프로이센 왕으로 즉위한다. 교양이 풍부한 인물이었던 프리드리히 2세는 국내 산업의 육성과 신앙의 자유 보장, 학교 제도의 정비 등을 진행해 위에서부터 개혁을 추진하는 계몽 전제 군주의 대명사가 되었다.

마리아 테레지아는 19세에 사촌 오빠이자 로트링겐 공자인 프란츠와 결혼한다. 당시의 왕족으로서는 이례적인 연애 결혼이었다. 프란츠는 아내의 그늘에 가리는 경향이 있지만 개인 자산을 훌륭하게 운용해 전쟁 비용을 조달하는 등 재무적인 재능이 뛰어난 인물이었다.

마리아 테레지아의 아버지인 카를 6세는 1713년에 국사조칙(가독상속법)을 발표해 여성도 장자 상속의 대상이 됨을 명문화했고, 이후 태어난 카를 6세의 장남 레오폴트가 어린 나이에 세상을 떠남에 따라 장녀인 마리아 테레지아가 1740년에 즉위한다. 다만 당시 신성 로마 황제의 지위는 선제후(選帝侯)라고 불리는 왕후 귀족들의 선거를 통해 결정되었는데, 프리드리히 2세는 "마리아 테레지아의 남편 프란츠를 지지하는 대신 공업 지대인 슐레지엔을 프로이센에 양도하시오"라는 어려운 요구를 했다. 마리아 테레지아가 이 요구를 거부하자 프리드리히 2세는 슐레지엔을 침공했고, 프랑스도 여기에 동조하면서 오스트리아 왕위 계승 전쟁이 일어난다.

　당시 23세였던 마리아 테레지아는 제왕학을 충분히 교육받지 못했던 탓에 위정자이면서도 정치적인 판단력이 부족했다. 그러나 오스트리아 왕위 계승 전쟁이 불리하게 진행되어 위기에 몰리자 직접 헝가리 의회를 찾아가 눈물을 흘리며 협력을 호소했고, 헝가리 귀족들은 연약한 여왕을 위해 한마음으로 싸웠다. 참고로 후세에 그려진 그림에는 헝가리 의회에 젖먹이 아들 요제프를 데리고 온 것으로 묘사되었지만 이는 역사적 사실이 아니다.

　1742년에는 마리아 테레지아를 적대시하는 세력의 지원을 받은 바이에른 왕국 출신의 카를 7세가 신성 로마 황제에 즉위했는데, 1745년에 갑자기 세상을 떠난다. 그리고 이후 프란츠의 즉위가 인정되었다. 한편 전쟁은 그 후 3년 동안 계속되었으며 슐레지엔은

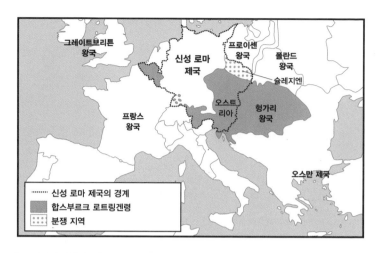

마리아 테레지아가 군림했을 무렵의 유럽　　마리아 테레지아가 합스부르크 가문의 영토를 이어받자 프로이센과 프랑스가 이의를 제기했고, 이는 전쟁으로 발전한다.

결국 프로이센의 차지가 된다.

공동의 적과 맞서기 위해 원수와 손잡다

　프리드리히 2세의 프로이센이 대국으로 급속히 성장하는 가운데 마리아 테레지아도 이에 대항해 개혁을 추진했다. 그때까지 지방 영주의 권한이 컸던 오스트리아에 중앙 집권적 정치 체제를 정비하고 엘리트 관리 양성 학교인 테레지아눔을 설립했다.

그런데 1756년, 그레이트브리튼 왕국과 프로이센이 상호 불가침 조약인 '웨스트민스터 조약'을 맺는다. 전부터 북아메리카 등의 해외 식민지에서 영국과 싸웠던 프랑스는 이 사태를 크게 경계했는데, 마리아 테레지아의 심복 부하이며 외교관 출신인 재상 폰카우니츠는 이것을 기회로 삼아 프랑스와 동맹을 맺는다. 16세기부터 대립했던 오스트리아 합스부르크 가문과 프랑스 부르봉 가문의 이 동맹은 외교 혁명으로 불린다. 게다가 마찬가지로 프로이센의 대두를 경계하던 러시아의 옐리자베타 여제도 이 동맹에 합류했다.

반(反) 프로이센 포위망을 두려워한 프리드리히 2세는 선수를 쳐서 오스트리아 측에 가담한 작센을 침공했고, 이에 7년 전쟁이 발발한다. 그레이트브리튼 왕국은 유럽의 전투에는 개입하지 않았지만 북아메리카와 인도에서 프랑스군과 격돌했다. 각국의 군대에 포위된 프로이센은 열세를 면치 못했는데, 1762년에 러시아의 옐리자베타 여제가 급사하고 표트르 3세가 그 뒤를 잇는다. 프리드리히 2세에게 우호적이었던 표트르 3세가 정전에 합의한 덕분에 프로이센은 기세를 회복할 수 있었고, 결국 앞에서 언급한 슐레지엔의 지배를 확정 지은 채 전쟁을 끝낸다. 한편 마리아 테레지아는 잃어버린 슐레지엔 대신 보헤미아를 새로운 공업 거점으로 정하고 수공업 육성과 무역 진흥, 교통망 정비 등에 힘썼다.

　　　　　　　　마리아 테레지아

충돌이 끊이지 않았던 어머니와 자녀들

1765년, 프란츠 1세가 세상을 떠나자 마리아 테레지아의 아들인 요제프 2세가 신성 로마 황제에 즉위한다. 그리고 이때부터 모자의 공동 통치가 시작되었다.

요제프 2세는 근대적인 법치주의를 설파한 몽테스키외와 볼테르 등 계몽주의 사상가의 영향을 받아 혈통이나 가문이 인간의 가치를 결정하지 않는다고 생각하는 사람이었다. 그래서 조금 보수적이었던 마리아 테레지아와 달리 계몽 전제 군주답게 가톨릭교회의 면세 특권을 폐지하고 지방 영주에 대한 농민의 부역 부담을 가볍게 하는 등의 개혁을 추진했다.

마리아 테레지아의 자녀는 요제프 2세를 포함해 16명에 이르는데, 다수가 합스부르크 가문의 안정을 위해 정략결혼을 했다. 그중 세 아들과 두 딸은 이탈리아 부르봉 가계의 왕족과 결혼했으며, 막내딸인 마리 앙투아네트는 프랑스를 지배하는 부르봉 가문과의 관계 강화를 위해 1770년에 프랑스의 태자 루이(훗날의 루이 16세)와 결혼했다.

자녀들과 마리아 테레지아의 관계는 복잡하다. 몸이 약해 정략결혼을 보내기에 적합하지 않았던 차녀 안나는 미움을 받았고, 용모가 아름다웠던 4녀 크리스티나는 편애를 받았다. 마리아 테레지아가 자신과 가장 닮았다고 평가한 10녀 카롤리나는 어머니의 충

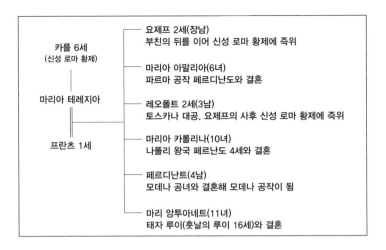

카를 6세
(신성 로마 황제)
│
마리아 테레지아
║
프란츠 1세

요제프 2세(장남)
부친의 뒤를 이어 신성 로마 황제에 즉위

마리아 아말리아(6녀)
파르마 공작 페르디난도와 결혼

레오폴트 2세(3남)
토스카나 대공. 요제프의 사후 신성 로마 황제에 즉위

마리아 카롤리나(10녀)
나폴리 왕국 페르난도 4세와 결혼

페르디난트(4남)
모데나 공녀와 결혼해 모데나 공작이 됨

마리 앙투아네트(11녀)
태자 루이(훗날의 루이 16세)와 결혼

| 마리아 테레지아의 주요 자녀들

고를 무시하고 어머니와 마찬가지로 친정인 나폴리 왕국의 정치를
주도했다. 11녀인 마리 앙투아네트는 생활 태도에 대해 편지로 잔
소리를 들어야 했다.

마리아 테레지아는 어머니로서 자녀들을 사랑하면서도 자녀와
의 성격적인 대립, 자녀들의 정치적인 이용 가치에 마음이 흔들렸
던 듯하다.

모자가 만든 근대적 국가

마리아 테레지아가 1780년에 63세를 일기로 세상을 떠나자 요제프 2세는 더욱 대담하게 개혁을 추진한다. 종교 관용령으로 신교도의 신앙의 자유를 보장하고 유대교도의 지위도 개선시켰다. 또한 빈민 구제 사업에 힘을 쏟고 농민을 영주의 소유물로 간주하는 농노제를 폐지했으며 형법전을 만들고 고문과 사형을 폐지했다.

마리아 테레지아는 일반인으로 변장시킨 시녀나 시종을 통해 서민들의 바람과 불만을 열심히 조사하고 자신도 서민과 같은 빈 억양의 독일어를 사용했으며 연극과 음악회 등의 문화 이벤트를 열어 시민들의 사랑을 받았다. 그리고 요제프 2세의 치세에는 출판물의 검열 제도가 완화되어 신문과 잡지의 간행이 활발해졌다. 빈은 점차 하이든과 모차르트, 베토벤 등의 음악가를 비롯해 다양한 예술가와 작가, 학자가 모여드는 도시가 되었다.

요제프 2세는 이처럼 민중에 호의적인 시책을 추진하는 한편으로 발칸반도에서의 세력 확대를 위해 러시아·튀르크 전쟁에 개입한다. 그러나 성과는 신통치 않았고, 직접 전쟁터에 나섰다가 폐결핵에 걸려 1790년에 세상을 떠났다.

오스트리아는 마리아 테레지아와 요제프 2세 치세에 제후와 교회가 민중을 속박하는 중세적인 사회에서 근대적인 국가로 변모를 이루었다. 또한 빈은 그 후에도 문화의 수도로서 번성했고, 체코에

서는 공업이 발달했으며, 목축업이 발달한 헝가리는 유럽 굴지의
식량 생산지가 되는 등, 마리아 테레지아와 요제프 2세 시대에 중
부 유럽 각지의 특성이 확립되었다고 할 수 있다.

생몰년: 1769년~1821년

재위: 1804년~1814년, 1815년

국가: 프랑스 제국

최신 미디어로
대중에게 어필하다

고대부터 유럽의 역사에는 선거로 왕좌에 오른 군주가 적지 않다. 프랑스 혁명 후 군인으로서 수많은 공적을 세워 의회와 국민의 지지 속에 황제에 즉위한 나폴레옹도 그중 1명이다.

오늘날까지 계속되고 있는 근대 국가는 왕후 귀족이 아니라 국민이 정치와 군사 등을 책임짐으로써 성립한다. 그리고 이것은 프랑스 혁명의 성과로서, 법 아래 모두가 평등함을 인정하는 민법전을 제정하고 징병제로 조직한 '국민의 군대'를 지휘해 서유럽의 대부분을 정복한 나폴레옹을 통해 유럽 각국에 확산되었다.

프랑스 인민의 황제

1804년 5월, 나폴레옹은 황제로 즉위했다. 왕이 아닌 황제, 그것도 단순한 프랑스 황제가 아니라 정식 명칭은 '프랑스 인민의 황제'였다. 왜 이런 칭호였을까?

프랑스에서는 10세기에 카페 왕조가 성립한 이래 발루아 왕조, 부르봉 왕조가 뒤를 이었으며, 18세기 말의 프랑스 혁명을 통해 공화정이 성립되었다. 천재적인 군인이었던 나폴레옹은 정부를 적대시하는 국내외의 적을 차례차례 몰아내 사람들의 마음을 사로잡은 뒤 1799년에 제1통령에 취임함으로써 실권을 장악했다. 그리고 혁명을 통해 성립된 새로운 체제를 계승하면서 자신의 지휘를 확고히 하고자 세습제 군주가 되고 싶어 했는데, 부르봉 왕조 등 과거의 왕조와는 다름을 명확히 하기 위해 황제라는 명칭을 사용했다. 또한 프랑스 인민의 황제라는 칭호는 의회 원로원의 의결과 국민 투표를 통해 황제에 즉위했음을 나타냈다.

군사령관에서 독재 권력을 확립한 점은 고대 로마 제국의 카이사르를 닮았고, 의회의 지지를 받아 황제에 즉위한 흐름은 아우구스투스와 유사한데, 나폴레옹은 군인으로서의 공적을 강조하는 의미에서 자신을 아우구스투스보다 카이사르에 견줬다. 이와 동시에 프랑스뿐만 아니라 현재의 독일과 이탈리아를 포함하는 중세 서유럽을 재편한 카롤루스 대제의 재림을 자인했다.

나폴레옹 1세

혁명을 거쳐 국민군이 탄생하다

나폴레옹은 1769년에 지중해 코르시카섬에서 하급 귀족의 아들로 태어났다. 코르시카섬은 이탈리아의 제노바 공화국에 속해 있다 나폴레옹이 태어나기 전해에 프랑스령이 된 곳으로, 그런 까닭에 프랑스보다 이탈리아의 문화적 영향이 강한 지역이었다. 참고로, 나폴레옹이 태어난 해에 훗날 루이 16세가 되는 태자 루이와 마리 앙투아네트가 약혼을 했다.

당시 프랑스는 상공업의 발달로 신흥 세력인 유복한 시민 계급(부르주아지)이 성장하는 한편, 계속되는 전쟁에 따른 방대한 지출과 흉작으로 재정이 악화되어 갔다. 이에 루이 16세는 세수 문제를 의논하기 위해 성직자(제1신분), 귀족(제2신분), 평민(제3신분)으로 구성된 삼부회를 175년 만에 개최했는데(1789년), 이 삼부회에서 귀족과 충돌한 평민 대표와 일부 귀족이 국민 의회를 결성한다. 그리고 얼마 후, 평민층의 지지를 받던 재무장관 네케르가 파면된 것을 계기로 폭동을 일으킨 군중은 무기 등을 확보하기 위해 바스티유 감옥을 습격한다. 이것이 프랑스 혁명의 시작으로, 국민 의회는 봉건적 제도의 폐지와 인민 주권 등을 제창한 인권 선언을 발표한다. 한편 당시 20세였던 나폴레옹은 아직 일개 포병 사관에 불과했다.

국민 의회가 실권을 잡자 루이 16세 일가는 타국으로 도피하려 했지만 실패하고 궁전에 유폐된다(바렌 도주 사건). 그리고 1792년, 남

너무 재밌어서 잠 못 드는
황제의 세계사

성 보통 선거가 실시되어 국민 의회를 대신하는 국민 공회가 성립한다. 국민 공회는 왕정의 폐지와 공화정(제1공화정)의 채용을 선언하고 루이 16세를 재판에 회부한다. 재판에서 유죄 판결을 받은 루이 16세는 이듬해에 처형되었는데, 그의 처형을 보고 혁명의 여파가 자국에도 미칠 것을 두려워한 그레이트브리튼 왕국과 프로이센, 오스트리아 등의 유럽 각국은 1793년에 '대(對)프랑스 동맹'을 결성한다.

이에 프랑스 정부는 대프랑스 동맹에 참여한 국가들과 싸우기 위해 국민개병의 징병 제도를 도입한다. 왕후 귀족을 섬기는 군대가 아니라 일반 국민이 자신의 나라를 지키고자 싸우는 군대가 탄생한 것이다. 정부는 체제를 유지하기 위해 국민군의 힘에 의지하게 되고, 이런 환경에서 나폴레옹이 대두한다.

로마 교황의 손을 거치지 않고 직접 왕관을 쓰다

1795년, 왕정 복고파가 일으킨 방데미에르 13일 쿠데타를 진압해 두각을 나타낸 나폴레옹은 26세에 국내군(치안 유지 부대)의 수장이 된다. 이렇게 젊은 나이에 군의 중진이 될 수 있었던 이유는 프랑스 혁명으로 기존의 유력자들이 사라졌기 때문이었다.

이듬해, 나폴레옹은 이탈리아 원정에서 오스트리아군에 통쾌한 승리를 거둔다. 또한 영국과 인도의 교역로를 파괴하기 위해 이집트 원정을 단행했는데, 이때 "저 유적(피라미드)의 꼭대기에서 4000년의 역사가 그대들을 내려다보고 있다"라는 말로 병사들을 고무시켰다. 사람의 마음을 사로잡는 데 능숙한 나폴레옹다운 퍼포먼스였다.

그 사이 프랑스는 국내 정세가 불안정해져 강력한 새 정부의 탄생을 기대하는 사람이 늘어났고, 그런 상황에서 1799년에 귀국한 나폴레옹은 브뤼메르 18일 쿠데타를 일으킨다. 원래 총재 정부의 시에예스와 경찰 푸셰 등이 계획했던 것이었는데, 나폴레옹은 감쪽같이 실권을 잡고 제1통령의 자리에 오른다. 그는 자신의 군사력을 배경으로 "혁명 초기의 원칙은 고정되었으며 혁명은 끝났다"라고 선언하고 보수파와 극좌파 양쪽을 견제하며 정권의 안정을 꾀했다.

또한 나폴레옹은 이듬해인 1800년에 알프스를 넘어서 북이탈리아를 침공해 오스트리아군을 격파한다. 이 전쟁의 성과는 당시 확산되고 있었던 신문을 통해 대대적으로 선전되어 프랑스 국민을 열광시켰다. 그리고 여러 차례에 걸친 승리의 결과로 프랑스는 1802년에 유리한 위치에서 영국과 강화 조약을 맺는다. 한편 나폴레옹은 같은 해에 종신 통령에 취임함으로써 독재 체제를 확립했는데, 왕정 복고파의 테러와 암살 미수 사건이 이어지자 부르봉 왕조의 부활을 바라는 세력을 완전히 침묵시키기 위해 35세에 황제 나폴레옹 1세로 즉위한다. 이 즉위식에서 나폴레옹은 로마 교황이

너무 재밌어서 잠 못 드는
황제의 세계사

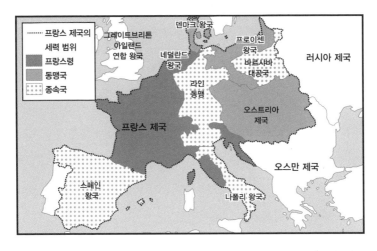

프랑스 제국의 세력 범위   프랑스 제국 외에 동맹국과 종속국까지 포함하면 서유럽 전체가 나폴레옹의 영향력 아래에 있었다.

왕관을 씌워 준다는 통례를 따르지 않고 직접 왕관을 씀으로써 가톨릭교회의 권위에 따랐던 과거 왕실과는 명확히 다름을 과시했다.

지금도 사용되고 있는 민법의 창시자

나폴레옹이 제1통령 시절부터 실시했던 시책은 중앙 집권적인 정치 체제와 경제 질서를 확립하며 귀족, 대지주, 성직자 등 기존의 보수적인 세력과 혁명 이후 만들어진 새로운 제도, 가치관 대립을 조정하는 것이었다고 할 수 있다.

먼저, 1800년에 프랑스 은행을 설립해 은행권 발행을 독점하고 국내 통화를 통일했다. 이에 따라 재정이 안정된다. 혁명 후의 프랑스에서는 기존의 지배층과 강하게 연결되어 있었던 가톨릭교회와 정부의 관계가 악화되어 있었는데, 나폴레옹은 로마 교황청과 정교협약(콩코르다트)을 맺는다. 프랑스 국내에서 신앙의 자유를 인정하면서 가톨릭도 프로테스탄트나 유대교와 마찬가지로 중립적인 하나의 종파로 위치시키는 내용이었다.

황제 즉위 직전에는 '나폴레옹 법전'을 발포한다. 이는 법 아래의 평등이나 개인 의사의 자유, 사적 소유권의 보장 등을 규정한 민법전으로, 각국 근대 민법의 원형이 되었다. 나폴레옹 법전은 세부적으로 수정이 거듭되면서 오늘날까지 존속되고 있다.

1802년에는 장병을 표창하는 레지옹 도뇌르를 창설했으며, 즉위 후에는 귀족 제도를 제정하고 작위를 만들었다. 이것은 전부 혈통이 아니라 국가에 대한 공로를 바탕으로 새로운 엘리트 계급의 서열을 매기는 시스템이었다. 왕정과 귀족 제도를 부정하는 혁신 세력들은 '혁명의 배신'이라며 반발했지만, 혁명 후의 전쟁을 통해서 대두한 군인이나 신흥 시민 계급, 혁명의 과도함을 경계하는 귀족 등은 이 시스템을 환영했다.

뛰어난 카리스마를 지녔던 나폴레옹은 자신감으로 똘똘 뭉친 인물이었다. 유명한 어록으로 "내 사전에 불가능은 없다"가 있는데,

이것은 스페인 전장에서 부하가 적진을 돌파하기는 불가능하다고 말하자 무심코 "불가능하다고? 프랑스어에 그런 말은 없어!"라고 대꾸했다는 일화에서 유래한 듯하다.

나폴레옹은 젊은 나이에 출세한 데다 지방인 코르시카섬 출신이었던 까닭에 상류 계급과의 교류는 6세 연상의 아내 조제핀의 도움을 많이 받았다. 조제핀은 귀족 출신으로 인맥이 매우 넓었으며 국민에게 인기도 있었지만 나폴레옹과의 사이에서 아이를 낳지 못했다. 나폴레옹은 자신의 혈통에 권위를 부여하기 위해 1810년에 로마 교황의 허가를 받아 그동안 고락을 함께했던 조제핀과 이혼하고 자신보다 20세나 어린 합스부르크 가문의 마리 루이즈와 재혼한다.

이와 같은 권위 지향적 태도는 훗날 외국의 왕후 귀족, 그리고 나폴레옹을 혁명의 영웅으로 지지했던 국민이 등을 돌리는 원인 중 하나가 된다.

거듭된 실패의 결과

나폴레옹이 즉위한 뒤에도 유럽 각국의 동맹군은 프랑스에 대한 간섭을 계속했다. 이에 프랑스 해군은 1805년 10월에 영국 본토를 공략하려 하지만 트라팔가르 해전에서 척안의 제독 넬슨이 이끄는 영국 함대에 패한다.

한편 같은 해 12월의 아우스터리츠 전투(삼제회전)에서는 나폴레옹이 직접 지휘한 7만 5000명의 프랑스군이 그보다 거의 3배나 많은 오스트리아와 러시아 연합군에게 극적인 승리를 거둔다. 파리 개선문으로 알려진 에투알 개선문은 이 승리를 기념해서 건설된 것이다. 다만 완성된 시기는 나폴레옹이 세상을 떠난 뒤다.

나폴레옹은 신성 로마 제국으로부터 서부 독일 국가들을 분리시키고 스페인과 이탈리아 등을 세력권에 둔다. 또한 유럽의 물류망에서 영국을 차단하는 대륙 봉쇄를 단행했지만 영국은 북아메리카나 인도와의 교역망을 보유했기에 피해가 적었으며 오히려 영국과의 교역을 희망하는 유럽 국가들의 반발을 초래했다. 이윽고 스페인에서는 무장한 시민들의 저항(게릴라)이 격화되었으며, 러시아는 대륙 봉쇄를 어기고 영국과 교역을 재개한다. 이에 나폴레옹은 1812년에 러시아 원정을 단행하지만, 러시아의 광대한 토지와 강력한 추위 앞에 좌절한다. 그리고 이듬해에는 라이프치히 전투에서 오스트리아와 러시아 등의 연합군에 패배한다. 이어서 1814년 3월에는 각국의 연합군이 파리를 점령하고, 나폴레옹은 프랑스군 내부의 쿠데타로 퇴위당한 뒤 이탈리아의 엘바섬에 수감된다.

그 후 나폴레옹은 각국이 전후 처리를 위한 빈 회의에 정신이 팔려 있던 1815년 3월에 엘바섬을 탈출해 복위하지만, 6월에 워털루 전투에서 각국의 연합군에 패해 다시 체포당한다. 이 짧은 기간의

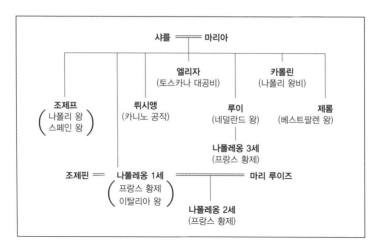

보나파르트 일족

복권을 '백일천하'라고 부른다.

　나폴레옹은 아프리카 남서쪽의 영국령 세인트헬레나섬으로 유배되어 1821년에 숨을 거둔다. 그의 유해는 19년 후 프랑스로 귀국한다.

황제가 남긴 내셔널리즘의 싹

　나폴레옹이 실각한 뒤 프랑스에서는 부르봉 왕조의 루이 18세가 즉위해 왕정이 부활한다(왕정복고). 유럽에서는 각국이 협력해서 프랑스 혁명 이전의 질서와 힘 관계를 회복시키는데, 이것을 '빈 체제'라고 부른다.

그러나 귀족을 대신하는 부유 시민층의 확대와 이에 따른 전통적 권위에 대한 반발은 필연적인 시대의 흐름이었다. 1830년에는 '7월 혁명'이 일어나 부르봉 왕조가 다시 타도되고 자유주의적 입헌 군주제인 오를레앙 왕조(7월 왕정)가 성립했으며, 1848년에는 '2월 혁명'이 일어난다. 그 영향은 오스트리아와 독일 등 각국으로 파급되었다.

이 2월 혁명으로 프랑스에 또다시 공화정(제2공화정)이 성립하고, 나폴레옹의 조카인 루이가 과거의 나폴레옹 지지자와 군인들의 지지를 얻어 대통령에 취임한다. 그런데 루이는 국민 투표로 신임을 받아 황제 나폴레옹 3세가 됨으로써 제정(제2제정)을 개시한다. 나폴레옹 3세는 파리에 근대적인 상하수도와 도로망을 정비하는 등 국내 산업 혁명을 추진했지만 1870년에 프로이센과 벌인 프로이센·프랑스 전쟁에서 참패해 실각한다. 그 뒤로 프랑스에서는 오늘날에 이르기까지 공화정이 이어지고 있다.

19세기의 유럽 각국에서는 '국민의 군대'를 이끌었던 나폴레옹에게 자극받아 국민이 주체가 되어서 국가를 책임진다는 내셔널리즘이 발흥했다. 근대 국가의 대부분이 나폴레옹이 남긴 유산 위에서 탄생했다고 해도 과언이 아닐 것이다.

생몰년: 1797년~1888년
재위: 1871년~1888년(독일 황제로서)
국가: 독일 제국

내키지 않았던
황제의 자리

19세기, 유럽 각지에서는 내셔널리즘의 기운이 세짐에 따라 새로운 국가가 다수 탄생했다. 그중에서도 수백 년에 걸쳐 분립하던 소국들을 연합시킨 독일 제국은 일종의 인공 국가였다고 할 수 있다.

그 초대 황제가 된 빌헬름 1세는 '독일 제국'이 아니라 어디까지나 '프로이센 국왕'으로 살고 싶어 했다. 얄궂게도 빌헬름 1세 자신의 의지와는 상관없이 진행된 독일의 통일은 그 후 유럽에 무엇을 가져다줬을까?

19세기 초엽까지 존재하지 않았던 독일

21세기 현재 독일의 인구는 약 8300만 명으로서 러시아를 제외하면 유럽 최대의 국가다. 그런데 지금으로부터 200년 전까지만 해도 독일이라는 나라는 존재하지 않았다.

독일 제국의 초대 황제가 된 빌헬름 1세는 1797년에 태어났다. 당시에는 현재 독일이 위치한 지역에 북부의 프로이센 왕국을 필두로 한 작센, 바이에른 등의 왕국과 함부르크처럼 자치권을 가진 도시들이 있었다. 각국의 영토에는 다른 나라의 영토가 섞여 있는 경우도 많았고, 이 때문에 세금 제도 등이 행정적으로도 복잡했다. 게다가 독일어권 국가의 대부분을 형식적으로 한데 묶어 놓았던 신성 로마 제국은 나폴레옹 1세가 이끄는 프랑스군의 침공으로 1806년에 해체되고 말았다.

나폴레옹 1세가 독일어권 국가들을 침공했을 때, 프로이센의 왕자였던 빌헬름은 아직 어린아이였다. 일시적으로 러시아에 망명한 빌헬름은 1813년에 16세의 나이로 육군 장교가 되어 프랑스를 상대로 한 해방 전쟁에 참여한다.

그 후 독일어권 국가들에서는 프랑스군에 점령당했던 경험을 바탕으로 민족의 연대를 외치는 내셔널리즘의 기운이 세진다. 그리고 1815년에 오스트리아를 의장국으로 35개 국주국과 4개 자유시가 참가하는 '독일 연방'이 성립한다. 또한 1834년에는 '독일 관세 동맹'이 발족하고, 이듬해에는 바이에른 영내에서 철도 부설이 시작된다. 철도망은 프로이센과 바덴 등 국가별로 정비되었지만, 교통이 발달함에 따라 독일어권 국가들은 하나의 경제권으로서 이어지게 된다.

황제 대관을 단호하게 거부한 형

19세기의 독일어권에서 국민의 정치 참가를 추구하는 혁명 운동과 독일 통일을 지향하는 움직임은 같은 시기에 주어진 과제였다. 소국이 분립된 상태로는 각지의 영민이 분단된 채 왕족과 신하의 개인적인 관계에 정치가 좌우되기에 국민을 똑같은 유권자로 간주하는 근대적인 법치 국가가 성립될 수 없기 때문이다.

1848년, 프랑스에서 2월 혁명이 일어나자 그 영향으로 독일어권 지역에서도 혁명(3월 혁명)이 일어난다. 이에 빌헬름의 형이자 왕인 프리드리히 빌헬름 4세는 외교 사절이라는 명목 아래 빌헬름을 영국으로 피신시킨다.

3월 혁명을 지지하는 시민과 학자, 자유주의적인 관료 등은 '프랑크푸르트 국민 의회'를 만들고 입헌 군주제를 통한 통일 독일 국가를 설립하려 한다. 그리고 그 과정에서 통일 독일에 오스트리아를 포함시키는 '대(大)독일주의'와 포함시키지 않는 '소(小)독일주의'

를 둘러싼 논쟁이 벌어진다. 오스트리아는 체코인과 헝가리인 등 비독일인도 포함된 다민족 국가였던 것이 이 논쟁의 쟁점이었다. 그러나 오스트리아가 헌법을 통해 국가의 불가분을 선언한 것도 있어서 결국 소독일주의가 주류파가 되었고, 국민 의회에서는 1849년에 프리드리히 빌헬름 4세를 독일 황제로 선출했다. 그런데 당사자인 프리드리히 빌헬름 4세는 즉위를 단호하게 거부했다. 국민 의회는 단순한 민간단체일 뿐 각국의 제후나 군주들에게 인정받은 기관이 아니었기 때문이다. 그리고 이를 전후해서 귀국한 빌헬름은 군사령관이 되어 혁명 세력을 탄압했다.

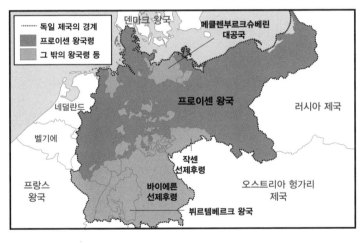

독일 제국 내의 각 영토　　프로이센 왕국을 비롯한 공국과 다수의 선제후령 등에 각각 영주가 있었기 때문에 정치도 문화도 일체감이 없었다.

　　빌헬름 1세

혁명이 수습된 뒤 프리드리히 빌헬름 4세는 타협안으로 헌법을 제정하고 의회를 만들지만 1858년에 병으로 쓰러지고, 빌헬름이 정무를 대행한다. 빌헬름은 프랑스 혁명 이전부터 이어져 온 각국 왕조의 정통성을 강하게 신봉하는 보수적인 사상의 소유주였지만, 이 무렵에는 온건한 자유주의자들과 연대를 꾀하고 있었다. 이것은 빌헬름의 비인 아우구스타가 비교적 자유주의적 사상을 지닌 인물이었고 아들인 프리드리히(훗날 프리드리히 3세)가 의회 정치가 정착된 영국 출신의 왕녀 빅토리아와 결혼한 영향으로 보인다.

그리고 1861년, 빌헬름은 프리드리히 빌헬름 4세가 자녀를 남기지 못한 채 세상을 떠남에 따라 빌헬름 1세로서 프로이센 왕에 즉위한다.

군사 제도 개혁으로 얻은 대승리

형의 뒤를 이은 빌헬름 1세의 첫 과제는 군사 제도 개혁이었다. 그래서 빌헬름 1세는 훈련이 불충분한 민병대를 축소하고 병역 기간을 2년에서 3년으로 연장해 근대적인 정규군을 확대하려 했다. 그러나 노동력을 군대에 빼앗기게 된 상공업자 등이 크게 반발했고, 이에 육군 장관 론은 의회의 반대파를 침묵시킬 수 있는 강인한 지도자로서 외교관 출신의 비스마르크를 추천했다. 비스마르크는 수상으로 취임하자마자 "현재 직면한 큰 문제는 (1848년의 혁명 당시처럼) 언론과 다수결을 통해서가 아니라 철과 피를 통해서만 해결할 수 있다"라고 연설해 '철혈 수상'으로 불리게 된다. 이처럼 무력에 의지한다는 이미지가 강한 비스마르크의 전직은 군인이 아니라 러시아 대사와 프랑스 대사였다. 그의 특기는 국내외 다양한 세력과의 교섭과 거래였으며, 전쟁은 어디까지나 하나의 수단일 뿐이었다.

1864년, 비스마르크는 오스트리아와 함께 덴마크를 상대로 전쟁을 일으켜 독일계 주민이 많은 슐레스비히홀슈타인 지방의 북부를 획득한다. 한편 남부는 오스트리아가 획득했는데, 이것이 새로운 불씨가 되었다. 독일 통일에 대한 프로이센과 오스트리아의 주도권 싸움은 1866년에 프로이센·오스트리아 전쟁으로 발전한다. 빌헬름 1세는 참모총장 몰트케에게 지휘권을 일임했는데, 프로이센군은 군사 제도 개혁의 성과 등에 힘입어 불과 7주 만에 대승리를 거뒀다.

전쟁이 끝난 뒤 비스마르크는 프로이센을 중심으로 한 '북독일 연방'을 발족한다. 과도한 정복 전쟁을 바라지 않던 빌헬름 1세는 독일어권 국가들의 왕실을 존중하고자 했지만, 비스마르크는 하노버 공국과 헤센 선제후국의 왕위를 폐지하고 프로이센에 병합시켰다.

내키지 않았던 독일 황제의 자리

프로이센·오스트리아 전쟁에서 승리한 프로이센은 라인강 연안 지방의 복속을 둘러싸고 프랑스와 대립한다. 이 프로이센·프랑스 전쟁(보불 전쟁)에서 프로이센은 바이에른 등 독일 남부의 국가들도 아군으로 끌어들이며 진격을 거듭했으며, 1870년 9월에는 나폴레옹 3세를 항복시키고 포로로 잡았다. 또한 비스마르크는 이 기세를 놓치지 않고 1871년 1월 베르사유 궁전에서 빌헬름 1세를 독일 제국 황제로 즉위시킨다.

비스마르크의 독일 통일에는 프로이센의 국제적인 입지를 안정시키고 혁명 운동으로 이어지는 아래에서부터의 통일 움직임을 억제하려는 목적이 담겨 있었다. 한편 빌헬름 1세는 황제 즉위를 바라지 않았다. 독일어권이긴 하지만 각 지역은 수백 년에 걸쳐 별개의 독립국으로 존재해 왔으며, 생활 풍습도 사용하는 언어(방언)도 차이가 있었다. 빌헬름 1세에게 조국은 '독일'이 아니라 '프로이센'이었다. 이러한 생각은 바이에른의 루트비히 2세 등 독일 지역 내의 다른 왕도 마찬가지였다.

독일 제국이 성립하자 비스마르크는 대외 전쟁을 피하고 제국의 안정 유지에 힘썼다. 영국, 프랑스, 러시아의 포위를 방어하기 위해 독일, 오스트리아, 러시아의 삼제 동맹을 결성하고 영국과 러시아의 대립을 부채질했다. 또한 독일 북부에는 신교도가 많은 데 비해

너무 재밌어서 잠 못 드는
황제의 세계사

바이에른 등 남부에는 가톨릭교도가 주류를 이루었는데, 비스마르크는 종파의 차이가 국민 의식의 통일을 해치는 사태를 피하고자 학교 교육으로부터 가톨릭교회를 떼어 놓는 '문화 투쟁'을 전개했다. 그리고 사회주의 운동을 탄압하는 한편, 공업이 발전하면서 증가한 노동자의 반발을 피하고자 산재 보험 등의 사회 보장 제도를 도입했다.

다만 빌헬름 1세가 정무를 전부 비스마르크에게 일임한 것은 아니었다. 원치 않는 즉위이기는 했지만 제국의 경제에 깊은 관심을 보였고 외국 왕족과 양호한 관계를 유지하기 위해 힘썼으며, 때로는 비스마르크와 충돌한 각료를 옹호하기도 했다.

근대 독일의 세 얼굴

1888년 3월, 90세의 빌헬름 1세는 임종 직전까지 외교 문제에 관해 혼잣말을 계속했고, "이제 피곤할 시간도 더는 남아 있지 않겠군"이라고 말했다 한다.

빌헬름 1세가 눈을 감은 뒤 제2대 황제가 된 빌헬름 1세의 아들 프리드리히 3세는 친영파이면서 국내의 자유주의자에게도 우호적이었지만 즉위 후 불과 3개월 만에 세상을 떠났다. 한편 그 뒤를 이어서 29세에 즉위한 프리드리히 3세의 아들 빌헬름 2세는 빌헬름

1세와 달리 처음부터 '강대국 독일 제국의 황제'라는 의식을 품고 있었던 까닭에 대외 정책에서 영국이나 러시아와의 충돌을 피하려 하지 않았다.

그 후 독일 제국은 제1차 세계대전을 일으켰고, 전쟁에서 패함에 따라 1918년에 붕괴된다. 국민은 막대한 배상금을 물어야 했는데, 이에 대한 불만과 위대한 제국의 부활에 대한 바람이 배타적인 나치스 정권을 낳았으며 제2차 세계대전을 유발했다.

제2차 세계대전이 끝난 뒤 독일은 승전국의 통치를 받게 되었고, 이어서 냉전의 영향으로 동서로 분단된다. 그리고 1990년에 재통일되어 경제 대국으로서 눈부신 발전을 이룩한다.

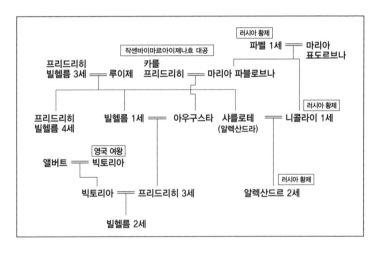

| 빌헬름 1세를 중심으로 본 계보

초대 신성 로마 황제 오토 1세로부터 그 역사가 시작되어 중세의 영방 국가 체제와 근대의 제정, 20세기의 동서 분단 시대를 거친 독일은 오늘날 연방제 국가이면서 유럽의 중심이라고 할 수 있는 존재가 되었다.

생몰년: 1819년~1901년
재위: 1837년~1901년
국가: 그레이트브리튼 아일랜드 연합 왕국

대영 제국을 만든
유럽의 할머니

19세기 후반의 영국은 흔히 '대영 제국'으로 불린다. 이 시대를 구축한 빅토리아 여왕은 64년이라는 재위 기간에 입헌 군주제를 확립시키는 한편 아시아와 아프리카, 아메리카 대륙의 광대한 식민지를 지배하고 유럽 각국과 적극적으로 왕실 외교를 전개했다.

고대에 로마 제국이 유럽의 안정을 가져온 시기를 팍스 로마나라고 부르듯이, 영국이 세계를 주도했던 빅토리아 여왕의 치세를 '팍스 브리태니커'라고 부른다.

어머니도 남편도 독일인이었던 영국 여왕

19세기 후반의 영국은 캐나다, 오스트레일리아, 홍콩, 싱가포르, 인도, 남아프리카 등을 세력권에 둠으로써 지구상의 육지 중 무려 4분의 1을 지배했다. 이 전에 없던 번영을 이룩한 군주는 빅토리아 여왕이다. 그런데 빅토리아 여왕은 영국의 군주임에도 가족과 대화할 때 영어가 아니라 독일어를 주로 사용했다고 한다.

18세기 초엽, 스코틀랜드의 스튜어트 왕조가 잉글랜드와 웨일스를 통합하면서 현재 영국의 원형이 만들어진다. 그런데 당시의 군주였던 앤 여왕에게는 왕자가 없었기 때문에 1714년에 앤 여왕이 세상을 떠나자 독일의 하노버에서 온 앤의 친족 제임스 1세가 왕위를 계승했고, 이로써 하노버 왕조가 새로 탄생한다. 즉, 하노버 왕조는 독일계 왕족이다. 그 후 이 왕조는 아일랜드 왕국을 지배하에 두고 1801년에 그레이트브리튼 아일랜드 연합 왕국(영국)을 세운다.

빅토리아 여왕의 아버지인 켄트 공작 에드워드 오거스터스는 런던에서 태어났지만 어머니인 빅토리아는 독일의 작센 출신으로 영어를 잘하지 못했다. 빅토리아는 어머니의 이름을 따 온 것으로, 당시로써는 영국인답지 않은 이름이었다. 참고로 켄트 공작에게는 형이 3명 있었기 때문에 빅토리아가 탄생했을 때 그녀의 왕위 계승 순위는 5위였다.

빅토리아가 태어난 지 얼마 안 되어 아버지 켄트 공작이 빚만 남기고 세상을 떠나자 세 삼촌을 비롯한 왕족들은 빅토리아와 어머니를 냉대했다. 런던의 켄싱턴 궁전에 전용 독실조차 마련해 주지 않을 정도였다. 불우한 소녀 시절을 보낸 빅토리아는 자신이 왕위에 오르리라고는 꿈에도 생각하지 않았기 때문에 11세가 되었을 때 자신이 즉위할 가능성이 있음을 알고 소리 내어 울었다고 전해진다. 그 후 세 삼촌이 차례차례 요절하면서 1837년 6월에 18세의 나이로 즉위한다.

즉위한 지 2년 후, 빅토리아 여왕은 동갑의 외사촌인 하노버 왕조의 공자 앨버트와 결혼한다. 그런데 앨버트도 독일의 작센 출신이었던 까닭에 부부는 거의 독일어로 대화했다고 한다. 이 때문에 국민들은 여왕 부부에게 그다지 친근감을 느끼지 못했지만 부부의 사이는 좋았고, 금실 좋은 여왕 부부의 모습은 19세기 후반 영국 상류 가정의 모델이 되었다.

식민지 확대로 탄생한 홍차의 시대

빅토리아가 여왕이 되었을 당시의 영국은 격동의 시대였다. 18세기 후반에는 증기 기관이 실용화되고 역직기가 발명됨에 따라 섬유의 생산량이 증대되고 산업 혁명이 시작되었다. 석탄 채굴이 확대되고 대형 용광로가 잇달아 제작되면서 철강 생산 효율은 1828

너무 재밌어서 잠 못 드는
황제의 세계사

년부터 1840년까지 12년 동안 약 2배나 상승했다. 1830년에는 공업 지대인 맨체스터와 상업 항구가 있는 리버풀을 연결하는 철도가 개통되었다. 이처럼 공업력을 급격히 확대한 결과 영국은 '세계의 공장'으로 불리게 된다.

증기선의 보급으로 해외 진출이 쉬워지고 대량 생산으로 많은 무기와 상품이 만들어지자 영국을 필두로 한 유럽 열강은 시장의 확대를 추구하며 아시아와 아프리카에 식민지를 확대하는 제국주의로 치닫는다.

'빅토리아 시대'라고 불린 빅토리아 여왕의 치세에는 영국의 상류 계급이 우아하게 홍차를 마시는 이미지가 있다. 홍차 판매업자인 트와이닝은 여왕의 즉위와 함께 왕실 납품 브랜드가 되었는데, 이것도 제국주의 정책이 낳은 문화다. 17세기부터 국책 기업인 동인도 회사를 통해 인도에서 세력 확대를 꾀했던 영국은 산업 혁명이 진행되자 대량 생산된 섬유 제품을 인도에 수출하고 인도에서 채취한 아편을 중국의 청 왕조에 전매한 뒤 청에서 찻잎을 수입하는 삼각 무역을 확립했다. 그런데 청은 의존성이 강한 아편의 해악과 아편 수입에 따른 은의 유출을 문제시해 영국과의 교역을 거절하려 했고, 이 대립은 1840년에 아편 전쟁으로 발전한다. 아편 전쟁에서 승리한 영국은 홍콩을 조차지로 손에 넣어 동아시아 지역의 전초 기지로 삼는 동시에 추가적인 시장 확대에 나선다.

인도의 식민지화를 진행한 영국은 1857년에 일어난 대규모 반영

운동인 세포이 항쟁을 진압한 뒤 인도 전역을 지배하에 뒀고, 빅토리아 여왕은 훗날 인도 여제에 즉위한다. 유럽에서 영국 군주의 대외적인 호칭은 오래전부터 황제(Emperor)가 아니라 왕(King)이었는데, '여왕'이 아니라 '여제'라는 호칭을 쓰고 싶었던 빅토리아 여왕은 인도를 영유함으로써 그 소원을 이루었다.

유럽의 할머니와 영광스러운 고립

1853년에 크림 전쟁이 일어나자 영국은 프랑스, 오스만 제국, 이탈리아의 사르데냐 왕국과 동맹을 맺고 흑해에서 러시아의 세력 확대를 저지하려 했다. 빅토리아 여왕은 귀환한 부상병을 직접 간호하고, 나아가 종군 간호사인 나이팅게일과 만나 그녀가 제안한 병원 개선책을 받아들인다.

이 전쟁에서 러시아에 승리한 영국은 직접적으로 큰 이익을 얻지는 못했지만 국제적인 발언권을 높일 수 있었고, 빅토리아 여왕은 각국 왕실의 관계를 조정하는 역할을 맡고자 했다. 1858년에는 여왕의 큰딸이자 이름이 같은 빅토리아가 프로이센 왕국의 프리드리히 황태자와 결혼했다. 큰딸 빅토리아는 훗날 남편이 독일 황제(프리드리히 3세)로 즉위함에 따라 황후가 된다. 둘째 딸 앨리스는 독일의 헤센 대공과 결혼했고, 앨리스의 딸이며 빅토리아 여왕의 손녀인

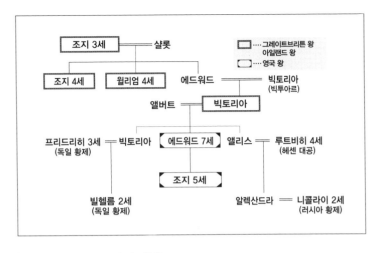

| 빅토리아를 중심으로 본 영국 왕실

알렉산드라는 훗날 러시아 황제 니콜라이 2세의 황후가 되었다.

이와 같은 각국 왕족과의 인척 관계 때문에 빅토리아 여왕은 '유럽의 할머니'로 불리게 된다. 빅토리아 여왕은 각국의 자녀와 편지를 주고받아 국제 정세를 파악하면서 적극적인 왕실 외교를 전개했다.

빅토리아 여왕과 앨버트 공 사이에는 4남 5녀가 있었다. 여왕은 기가 세고 불같은 성격이었다고 하며, 이 때문에 자녀와 충돌하기도 했다. 특히 황태자이며 아버지와 이름이 같은 앨버트(일명 버티. 훗날의 에드워드 7세)는 여색을 밝히고 행실이 좋지 않았기 때문에 모자

빅토리아 여왕

사이가 험악했다고 전해진다.

1861년 12월, 빅토리아 여왕이 가장 사랑하는 남편이자 믿음직스러운 조언자였던 앨버트 공이 42세에 세상을 떠난다. 이후 40년 가까운 세월에 걸쳐 빅토리아 여왕은 공식 석상에서 상복을 입었다.

그러나 남편의 죽음을 슬퍼할 시간도 없이 새로운 외교 문제가 떠오른다. 나폴레옹이 실각한 뒤인 1815년에 열린 빈 회의에서 영국, 프랑스, 러시아, 프로이센, 오스트리아 다섯 대국은 서로의 세력 균형을 꾀하는 빈 체제를 구축했는데, 프랑스의 나폴레옹 3세와 프로이센의 비스마르크 수상이 빈 체제를 해체하고 자국의 세력 확대를 꾀한 것이다. 이 때문에 빅토리아 여왕은 두 사람을 적대시하게 된다.

빅토리아 여왕의 어머니와 남편이 독일 출신이었고 딸이 프로이센의 왕족과 결혼했기 때문에 국민 사이에서는 여왕을 독일의 앞잡이로 보는 의식이 있었다. 그러나 빅토리아 여왕은 프로이센 편을 들거나 보호하지 않았으며, 1870년의 프로이센·프랑스 전쟁에서는 중립을 유지했다. 19세기 후반의 영국은 특정한 나라와 장기간의 동맹을 맺지 않는 '영광스러운 고립'을 외교 정책의 기조로 삼았기 때문이다.

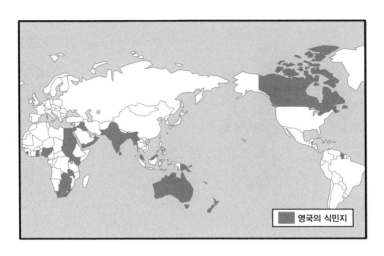

영국의 주요 식민지(1920년) 영국은 아시아와 아프리카를 비롯해 세계의 대륙 곳곳에 크고 작은 식민지를 보유했다. 제2차 세계대전 이후에도 많은 나라가 여전히 영연방에 속해 있었다.

정착된 양대 정당 체제와 입헌 군주제

빅토리아 시대의 영국에서는 상업과 공업이 확대되었고 식민지에서 유입된 막대한 부를 통해 은행가와 회사 경영자 등 도시 지역의 부유한 신흥 시민 계급이 성장해 정치적인 발언력을 강화해 나갔다. 의회에서는 18세기 이후 왕실과 국교회를 적극적으로 지지하는 토리당과 대립 세력인 휘그당이 양대 세력이었다. 빅토리아 여왕이 즉위한 뒤 토리당은 귀족이나 지주 등 기존 유력자의 이익을 대변하는 보수당으로 발전했고, 휘그당은 1859년에 다른 세력들과

빅토리아 여왕

연합해 시민 계급과 노동자의 이익을 대변하는 자유당이 되었다. 그리고 이후 보수당과 자유당의 양대 정당 체제가 확립된다.

즉위 초기만 해도 빅토리아 여왕은 내각을 조직하거나 정책 결정에 관해 자신의 의사를 표시했다. 그러나 양대 정당 사이에서 정권 교체가 반복됨에 따라 정치의 주도권은 의회로 넘어갔고, 결과적으로 왕은 '군림하되 통치하지 않는' 입헌 군주제가 정착된다. 다만 왕실이 정치에 직접 관여하는 일이 줄어들기는 했어도 빅토리아 여왕 개인은 신흥 세력을 대표하는 자유당의 유력자인 글래드스턴을 싫어했으며 왕후 귀족과 유대가 강한 보수당의 디즈레일리와 우호 관계를 쌓았다.

이와 같은 입헌 군주제와 구빈법을 비롯한 정부의 사회 보장 제도는 훗날 서유럽 각국과 메이지 헌법 제정 후의 일본 등 다른 군주국의 모델이 된다.

1887년, 재위 50주년을 맞이한 빅토리아 여왕은 기념식에서 각국의 왕후 귀족과 고관으로부터 성대한 축하를 받았다. 여담이지만 빅토리아 시대의 문화 풍습이 생생하게 묘사된 『셜록 홈스』 시리즈의 첫 작품이 출간된 때가 바로 이 해로, 전후 20년 정도가 영국의 번영이 정점에 이르렀던 시대라고 할 수 있다.

영국에서는 인도와 동남아시아, 중남아메리카 등과 같은 식민지의 대규모 농원(플랜테이션)에서 유입된 차와 설탕, 향신료 등이 서민 사회에도 확산되었다. 증기선과 철도, 가스등, 상하수도 등이 보급

된 것도 이 무렵이다. 빅토리아 여왕 자신도 철도를 이용하는 등 문명의 이기를 활용했다.

대영 제국에 드리워진 불안의 그림자

19세기 말에 접어들자 빅토리아 여왕의 노쇠와 함께 번영을 구가하던 대영 제국에도 조금씩 불안의 그림자가 드리우기 시작한다. 유럽 열강의 식민지 획득 경쟁이 격화되는 가운데 각국의 이해 충돌이 심각해졌기 때문이다.

프로이센에서는 1888년에 빅토리아 여왕의 첫 번째 손자인 빌헬름 2세가 황제로 즉위했다. 어렸을 때 외할머니와 사이가 좋았던 빌헬름 2세는 프로이센의 세력 확대를 꾀했고, 이 때문에 영국과 독일 사이에 긴장이 높아진다.

1898년에는 영국군과 프랑스군이 아프리카 수단에서 충돌하는 파쇼다 사건이 일어난다. 자칫하면 영국과 프랑스의 전쟁으로 발전할 수도 있었지만 프랑스의 양보로 별일 없이 수습된다. 이듬해인 1899년에는 남아프리카에서 영국군과 네덜란드계 이민족인 보어인이 충돌해 보어 전쟁이 일어난다. 보어 전쟁은 현지의 금과 다이아몬드의 이권을 둘러싼 전쟁이었는데, 예상 이상으로 장기화되어 1902년까지 계속된다. 빅토리아 여왕은 고령에 시력도 나빠진 상태에서도 각국의 왕족과 편지로 정보를 교환하고 군으로부터 전황 보고를 받으며 정부 고관과 타개책을 협의했지만, 전쟁의 종결을 보지 못한 채 1901년 1월에 81세를 일기로 생애를 마친다.

유럽의 할머니로 불렸던 빅토리아 여왕이 세상을 떠나자 왕실 외교를 통해 유지되었던 각국의 우호 관계가 흔들리기 시작한다. 그리고 1914년, 마침내 제1차 세계대전이 발발한다. 이 전쟁에서 영국 왕인 조지 5세, 독일 황제인 빌헬름 2세, 러시아 황후인 알렉산드라, 전 세계에 퍼져 있었던 빅토리아 여왕의 손주들이 서로 적대시하게 된다.

빅토리아 여왕이 세상을 떠난 뒤 여왕의 남편이었던 앨버트 공의 하노버 가문은 작센코부르크고타 가문으로 이름을 바꿨다. 그런데 제1차 세계대전 중에 국민의 반독 감정이 고조됨에 따라 독일식 명칭 대신 런던 교외에 있는 왕성의 이름을 딴 '윈저 가문'으로 다시 변경해 오늘날까지 사용하고 있다.

영국은 제1차 세계대전에서 승전국이 되지만 인도 등의 식민지에서는 독립운동이 격화되었고, 국제 사회의 주도권은 영국에서 미국으로 넘어간다.

생몰년: 1868년~1918년
재위: 1894년~1917년
국가: 러시아 제국

최고로 무능했던
최고의 교양인

수많은 왕조에서 시조나 최전성기를 구축한 군주에 비해 마지막 군주가 긍정적으로 이야기되는 일은 거의 없다. 러시아 혁명으로 비명의 죽음을 맞이한 니콜라이 2세는 온후하고 신사적인 인품의 소유자였지만 조국의 근대화를 충분히 이루지 못한 채 요승 라스푸틴의 대두에 따른 내정 혼란과 수많은 전쟁으로 러시아 국민의 궁핍화를 초래하고 말았다.

유럽과 아시아 양쪽에서 치열한 제국주의 전쟁이 계속되었던 20세기 초엽, 무엇이 니콜라이 2세를 비명의 최후로 이끌었을까?

러시아에 근대화 바람이 불다

2017년, 러시아에서는 청년기의 니콜라이 2세를 그린 영화 〈마틸다〉의 개봉을 둘러싸고 커다란 논란이 일어났다. 이 작품은 정확히 100년 전인 1917년에 러시아 혁명으로 퇴위한 니콜라이 2세와 발레리나인 마틸다 크셰신스카야의 슬픈 사랑을 그린 영화인데, 노골적인 성행위 묘사가 있어서 전통을 중시하는 보수적인 정치가와 성직자 등이 죽은 황제를 모욕하는 내용이 아니냐며 크게 반발한 것이다. 러시아 혁명 후 1991년까지 계속된 소비에트 정권에서 낮은 평가를 받았던 니콜라이 2세가 이처럼 또다시 러시아 국민의 관심을 받고 있다.

니콜라이 2세가 태어난 19세기의 러시아는 국민이 참가하는 의회가 없고 황제가 절대적인 권력을 쥐고 있으며 농민을 영주의 소유물로 간주하는 농노제가 유지되었던, 서유럽에 비하면 구태의연한 국가였다. 니콜라이 2세가 탄생하기 20년 전인 1848년에 프랑스에서 2월 혁명이 일어났는데, 그 영향이 러시아에도 미치자 당시 황제였던 니콜라이 1세는 국내의 반정부적인 문화인들을 철저히 탄압했다. 『죄와 벌』, 『카라마조프가의 형제들』 등으로 유명한 작가 도스토옙스키도 이때 체포되어 시베리아로 유형을 갔다.

1853년, 흑해와 지중해에서 세력 확대를 꾀하던 러시아가 오스만 제국, 영국, 프랑스 등의 연합군과 격돌함으로써 크림 전쟁이 발발한다. 이 전쟁에서 로마노프 왕조의 황제인 알렉산드르 2세는 군의 조직력이나 기술력이 모두 영국과 프랑스에 크게 뒤처짐을 통감하고 1861년에 농노 해방령을 발포하는 등 각종 근대화에 착수한다. 그리고 이 개혁의 혼란이 계속되던 1868년에 니콜라이 2세가 태어났다. 참고로, 훗날 러시아 혁명을 주도하는 레닌은 그로부터 2년 후에 태어났으므로 니콜라이 2세와 같은 세대다.

유럽과 극동을 연결하는 장대한 철도 건설

알렉산드르 2세가 러시아의 근대화에 나섰지만 국민 사이에서는 정부에 대한 불만이 확산되어 갔다. 그런 상황 속에서 1881년에 알렉산드르 2세가 제정 타도를 외치는 테러리스트에게 암살당했다. 뒤를 이어 즉위한 아들 알렉산드르 3세는 반정부 세력을 철저히 탄압하는 강경한 자세를 보였다. 그리고 할아버지 알렉산드르 2세의 암살에 충격을 받은 소년기의 니콜라이 2세는 아버지 알렉산드르 3세의 방침에 감화된다.

니콜라이 2세의 황태자 시절, 외국 자본의 도입으로 공업이 크게 발전한 러시아는 겨울철에도 바다가 얼지 않는 부동항을 확보하기 위해 지중해·흑해와 접한 유럽 측과 태평양과 접한 아시아 극동 양쪽으로 남하를 꾀한다(남하 정책). 그 결과 세르비아와 불가리아 등 발칸반도 국가에서 슬라브족의 연대(범슬라브주의)를 외치는 러시아와 게르만족인 독일과 오스트리아, 이슬람 국가인 오스만 제국의 경쟁이 격화된다. 한편 극동에서는 한반도와 만주의 이권을 둘러싸고 일본과 대립한다.

그런 가운데 1891년, 아시아를 순방 중이던 황태자 니콜라이가 그리스 왕국의 왕자 요르요스와 함께 일본을 방문한다. 일본 문화에 호기심을 보인 니콜라이는 유곽을 찾아가기도 하고 가슴에 용 문신을 새기기도 했다고 하는데, 경호 담당이었던 순사 쓰다 산조가 니콜라이에게 칼을 휘둘러 상처를 입히는 '오쓰 사건'이 발생한

니콜라이 2세 치세의 러시아 제국　남하 정책에 따라 서쪽에서는 오스만 제국이나 발칸반도의 국가와 충돌했고, 극동에서는 일본과 충돌했다. 이것은 훗날 전쟁으로 발전한다.

니콜라이 2세

다. 러시아와의 군사 충돌을 두려워한 일본 정부와 일본 왕의 사죄 등으로 별다른 일 없이 마무리되기는 했지만, 니콜라이에게는 훗날까지 일본에 대한 악감정이 남았던 듯하다.

사건 후 니콜라이는 러시아 극동의 블라디보스토크에서 시베리아 철도 기공식에 참석한다. 유럽과 극동을 연결하는 이 장대한 철도 건설은 즉위 후의 니콜라이에게 최대 사업이 되어 광대한 러시아의 물류에 혁신을 가져온다.

국민의 불만을 달래기 위해 민주화를 약속하다

1894년 11월, 병으로 눈을 감은 알렉산드르 3세의 뒤를 이어 니콜라이가 러시아 황제 니콜라이 2세로 즉위한다. 황제로 즉위한 니콜라이 2세는 재무부 장관이자 교통부 장관인 세르게이 비테를 중용해 중공업의 발전을 추진한다.

즉위 이듬해, 청일 전쟁에서 승리한 일본이 청으로부터 랴오둥반도와 타이완 등을 획득한다. 그러자 러시아 제국 정부는 이에 반발해 독일, 프랑스 등과 함께 랴오둥반도를 포기하도록 일본에 압력을 넣었고(삼국 간섭), 이 일로 일본에서 반러 감정이 고조되었다. 또한 1900년에는 청에서 외국 세력의 배척을 외치는 의화단 운동이 발생했으나 외국의 연합군에 진압되는데, 러시아군이 진압 후에도

너무 재밌어서 잠 못 드는
황제의 세계사

만주에 주둔하는 병력을 확대하자 극동에서 러시아의 대두를 우려한 영국은 일본과 영일 동맹을 맺는다.

이와 같은 상황 속에서 1904년 2월, 일본이 러시아에 선전 포고를 함으로써 러일 전쟁이 발발한다. 개전 후 러시아 제국은 시베리아 철도를 통해 병력과 물자를 극동으로 보냈지만 유럽과 인접한 본거지에서 극동까지의 거리가 멀었던 탓에 시간에 맞춰 도착하지 못한다. 그리고 장기화된 전쟁이 국민의 생활을 압박하자 1905년 1월에 수도 상트페테르부르크에서 대규모 반정부 시위가 일어나는데, 이 시위가 제1차 러시아 혁명으로 발전함에 따라 전쟁의 속행이 어려운 상황이 된다. 여기에 같은 해 5월에 극동으로 파견된 발트 함대가 일본 해군에 패배하자(쓰시마 해전) 니콜라이 2세는 어쩔 수 없이 강화를 받아들이고, 9월에 일본과 포츠머스 조약을 체결한다.

그리고 10월, 니콜라이 2세는 국민의 불만을 달래기 위해 비테를 총리의 자리에 앉히고 국회 개설과 입헌 군주제 도입 등의 민주화를 약속한다. 그런데 비테의 개혁 속도가 빠른 것에 우려를 나타냈고, 비테는 얼마 후 사임한다. 그 후 총리가 된 표트르 스톨리핀은 자영농 육성 등을 추진했지만 반정부 세력을 철저히 탄압하다 무정부주의자 테러리스트에게 암살당한다.

황제 부부를 매료시킨 요승

니콜라이 2세는 신하에게 불쾌한 보고를 받아도 감정을 거칠게 드러내는 일이 없는 온화한 성격의 소유자였으며 영어를 유창하게 구사하는 교양인이었다. 그러나 정치사상은 보수적이었던 듯하다. 신앙심이 매우 깊고 러시아의 토착 문화를 사랑했으며 아내와 자식들을 매우 소중히 여기는 인물이었다. 그러나 얄궂게도 이런 성격이 생각지도 못했던 재앙을 초래하고 만다.

러일 전쟁 중에 태어난 니콜라이 2세의 큰아들 알렉세이는 피가 나면 멈추지 않는 혈우병을 앓았다. 여성에게서 유전되며 남성에게 발병하는 일이 많다고 알려져 있기 때문에 알렉세이의 병은 알렉산드라 황후의 할머니인 영국의 빅토리아 여왕에게서 유전된 것으로 보인다. 가족에 대한 사랑이 강했던 황제 부부는 황태자의 치료를 위해 온갖 수단을 동원했다. 당시의 의학으로는 충분한 효과가 없었기 때문에 기도사들에게도 의지했는데, 그중 1명인 요승 라스푸틴이 알렉세이의 증상을 개선시켰다. 니콜라이 2세는 크게 기뻐하는 동시에 상스러운 태도를 보이는 라스푸틴을 소박한 민중의 대표자라고 생각하고 그에게 심취했다. 이후 라스푸틴은 궁중에서 권세를 휘두르게 된다.

1914년, 제1차 세계대전이 발발한다. 전쟁이 길어지자 피폐해진 국민 사이에서는 라스푸틴이 황제 일가를 조종해 정치 혼란을 초래하고 있다는 불만이 확산되었다. 여기에 알렉산드라 황후가 독일 출신이었기 때문에 적국의 내통자라는 소문이 퍼져 황제 일가에 대한 반발이 커졌다. 1916년, 라스푸틴은 전부터 그를 적대시했던 유수포프 공작 등 귀족들에게 암살당한다.

1917년, 약 300년 동안 계속되었던 로마노프 왕조에 운명의 해가 찾아왔다. 먼저 2월 혁명이 일어나 임시 정부가 니콜라이 2세를 퇴위시켰고, 이어서 망명지 스위스에서 귀국한 레닌 등이 10월 혁명을 일으켜 실권을 잡고 볼셰비키(훗날의 소련 공산당) 정권을 발족한다. 혁명군에 체포된 니콜라이 2세는 가족들을 생각해 격한 태도를 보이지 않고 조용히 지냈지만, 볼셰비키 정권은 반혁명 세력의 목표

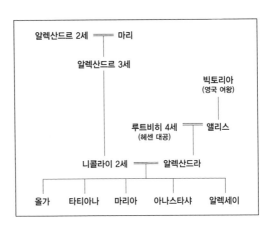

| 로마노프 왕조의 계보

니콜라이 2세

가 될 가능성이 있다는 이유로 재판도 없이 1918년 7월에 황제 일
가를 처형했다.

러일 전쟁에서 세계대전으로

니콜라이 2세는 결코 폭군은 아니었지만 정치 개혁에 소극적이
었고 정신없이 변화하는 시대에 대응할 능력이 없었다고 할 수 있
다. 그러나 니콜라이 2세는 유럽과 아시아에 걸쳐 있는 러시아의
군주라는 중요한 위치에 서 있었다.

러시아와 일본은 같은 시대에 근대화를 시작했으며, 시베리아 철
도 부설 등 극동에서 러시아의 세력 확대는 일본과의 충돌을 초래
했다. 그리고 러일 전쟁의 패배로 러시아의 군사력이 저하되자 국
제 사회에서는 기존의 영러 대립을 대신해 영독 대립이 부상했고,
독일을 포위하는 형태로 영국과 프랑스, 러시아의 삼국 협상이 성
립한다. 한편 극동 진출이 좌절된 니콜라이 2세는 동유럽의 발칸반
도에서 세력을 확대한다는 방침으로 전환해 독일과 오스트리아와
의 대립을 초래했고, 이것이 제1차 세계대전의 원인 중 하나가 되
었다. 그리고 제1차 세계대전은 러시아와 독일, 오스트리아, 오스만
제국에서 군주제가 와해되는 거대한 역사의 변혁을 불러왔다.

구소련 시대에 니콜라이 2세는 전근대적인 구체제의 상징으로

너무 재밌어서 잠 못 드는
황제의 세계사

간주되었지만, 공산당 정권이 붕괴한 뒤 전통적 가치관의 복권과 함께 비운의 희생자로서 동정받게 되었다. 과거에 소련 정부는 황제 일가의 유체를 폐기했다고 공표했지만 1998년에 발굴되어 새롭게 매장되었다. 그리고 러시아 정교회는 2000년에 니콜라이 2세를 순교자로서 성인으로 올렸다.

주요 참고 문헌

『세계의 역사 1: 인류의 기원과 고대 오리엔트(世界の歴史(1)人類の起原と古代オリエント)』, 오누키 요시오 · 마에카와 가즈야 · 와타나베 가즈코 · 야카타 데이스케 저, 중앙공론

『함무라비 법전(ハンムラビ法典)』, 이지마 오사무 저, 국제어학사

『함무라비 '법전'(ハンムラビ「法典」)』, 나카타 이치로 저, 리튼

『함무라비 왕: 법전의 제정자(ハンムラビ王―法典の制定者)』, 나카타 이치로 저, 야마카와출판사

『바빌로니아(バビロニア)』, 장 보테로 저, 난조 이쿠코 역, 소겐사

『세계의 역사 4: 오리엔트 세계의 발전(世界の歴史(4)オリエント世界の発展)』, 오가와 히데오 · 요마모토 유미코 저, 중앙공론

『고대 이집트 파라오 역대지(古代エジプトファラオ歴代誌)』, 피터 클레이턴 저, 후지사와 구니코 역, 소겐사

『람세스 2세(ラメセス 2 世)』, 베르나데트 무뇨 저, 난조 이쿠코·후지타 유키 역, 소겐사

『페르시아 제국(ペルシア帝国)』, 피에르 브리앙 저, 시바타 도시코 역, 소겐사

『도해 알렉산드로스 대왕(図説アレクサンドロス大王)』, 모리타니 기미토시 저, 가와데쇼보신사

『세계의 역사 5: 그리스와 로마(世界の歴史(5)ギリシアとローマ)』, 사쿠라이 마리코 · 모토무라 료지 저, 중앙공론

『알렉산드로스 대왕: 오늘날에도 살아 숨 쉬고 있는 '위대한 왕'(アレクサンドロス大王―今に生き続ける「偉大なる王」)』, 사와다 노리코 저, 야마카와출판사

『인간 시황제(人間·始皇帝)』, 쓰루마 가즈유키 저, 이와나미신서

『현대어역 사기(現代語訳史記)』, 오기 야스시 저, 지쿠마신서

『패도: 천하를 제압하는 패자의 기량(覇道―天下を制する覇者の器量)』, 오자키 호쓰키 저, 경제계

너무 재밌어서 잠 못 드는
황제의 세계사

『아우구스투스: 로마 제국의 시작(アウグストゥス: ロ―マ帝国のはじまり)』, 안토니 에버릿 저, 이토 시게루 역, 하쿠스이사

『고대 로마를 알기 위한 사전(古代ロ―マを知る事典)』, 하세가와 다케오・히와키 히로토시 저, 도쿄도출판

『로마 5현제 '빛나는 세기'의 허상과 실상(ロ―マ五賢帝「輝ける世紀」の虚像と実像)』, 미나미카와 다카시 저, 고단사

『세계의 역사 10: 서유럽 세계의 형성(世界の歴史(10)西ヨ―ロッパ世界の形成)』, 사토 쇼이치・이케가미 슌이치, 중앙공론

『비잔티움 제국사(ビザンツ帝国史)』, 폴 르메르 저, 니시무라 로쿠로 역, 하쿠스이사

『황제 유스티니아누스(皇帝ユスティニアヌス)』, 피에르 마라발 저, 오쓰키 야스히로 역, 하쿠스이사

『마지막 로마 황제: 대제 유스티니아누스와 황비 테오도라(最後のロ―マ皇帝―大帝ユスティニアヌスと皇妃テオドラ)』, 노나카 게이코 저, 사쿠힌사

『중국의 역사 6: 현란한 세계 제국 수・당 시대(中国の歴史(6)絢爛たる世界帝国 隋唐時代)』, 게가사와 야스노리 저, 고단사

『인물 중국 5000년 5: 세계 제국의 성쇠- 수・당・오대십국(人物中国五千年〈5〉世界帝国の盛衰―隋・唐・五代十国)』, 오쿠다이라 다카시 저, PHP연구소

『중국 인물전 제3권 대왕조의 흥망: 수・당・송・원(中国人物伝 第Ⅲ巻 大王朝の興亡 隋・唐・宋・元)』, 이나미 리쓰코 저, 이와나미서점

『중국 문명의 역사 5: 수・당 세계 제국(中国文明の歴史〈5〉隋唐世界帝国)』, 도나미 마모루 저, 중앙공론신사

『카롤루스 대제: 유럽의 아버지(カ―ル大帝―ヨ―ロッパの父)』, 사토 쇼이치 저, 야마카와 출판사

『지상의 꿈 크리스트교 제국: 카롤루스 대제의 유럽(地上の夢キリスト教帝国―カ―ル大帝のヨ―ロッパ)』, 이가라시 오사무 저, 고단사

『프랑스 중세사 연표(フランス中世史年表)』, 테레즈 샤르마숑 저, 후쿠모토 나오

유키 역, 하쿠스이샤

『로마 제국 쇠망사 7(ローマ帝国衰亡史〈7〉)』, 에드워드 기번 저, 나카노 요시유키 역, 지쿠마쇼보

『이슬람 네트워크: 아바스 왕조가 연결한 세계(イスラム・ネットワークーアッバース朝がつなげた世界)』, 미야자키 마사카츠 저, 고단샤

『세계의 역사 8: 이슬람 세계의 흥륭(世界の歴史(8)イスラーム世界の興隆)』, 사토 쓰기타카 저, 중앙공론

『영국사 10강(イギリス史10講)』, 곤도 가즈히코 저, 이와나미신서

『이야기 영국의 역사(상)(物語イギリスの歴史 (上))』, 기미즈카 나오타카 저, 중앙공론

『앨프레드 대왕: 영국 지식인의 원상(アルフレッド大王一英国知識人の原像)』, 히로시 다카하시 저, 아사히신문

『독일사 10강(ドイツ史10講)』, 사카이 에이하치로 저, 이와나미신서

『이야기 독일의 역사(物語ドイツの歴史)』, 아베 긴야 저, 중앙공론

『제왕 열기 서양편(帝王列記 西洋編)』, 이소다 아키오 · 파 이스트 어뮤즈먼트 리서치 저, 신키겐샤

『영국 왕실 사화(英国王室史話)』, 모리 마모루 저, 다이슈칸서점

『황제 프리드리히 2세(皇帝フリードリヒ二世)』, 에른스트 칸토로비치 저, 고바야시 이사오 역, 중앙공론신사

『중국의 역사 8: 질주하는 초원의 정복자-요 · 서하 · 금 · 원(中国の歴史(8)疾駆する草原の征服者一遼 · 西夏 · 金 · 元)』, 스기야마 마사아키 저, 고단샤

『몽골 제국의 흥망(상), (하)(モンゴル帝国の興亡〈上〉, 〈下〉)』, 스기야마 마사아키 저, 고단샤

『쿠빌라이의 도전: 몽골 해상 제국을 향한 길(クビライの挑戦―モンゴル海上帝国への道)』, 스기야마 마사아키 저, 아사히신문

『몽골 제국의 흥망(モンゴル帝国の興亡)』, 오카다 히데히로 저, 지쿠마신서

『영락제: 명 왕조 제2의 창업자(永楽帝―明朝第二の創業者)』, 하스미 모리요시 저,

야마카와출판사

『정화의 남해 대원정: 영락제의 세계 질서 재편(鄭和の南海大遠征−永楽帝の世界秩序再編)』, 미야자키 마사카츠 저, 중앙공론

『술레이만 대제와 그 시대(スレイマン大帝とその時代)』, 앙드레 클로 저, 하마다 마사미 역, 호세이대학출판국

『아랍 500년사(상): 오스만 제국의 지배부터 '아랍 혁명'까지(アラブ500年史(上): オスマン帝国支配から「アラブ革命」まで)』, 유진 로건 저, 시라스 히데코 역, 하쿠 스이샤

『오스만 제국의 시대(オスマン帝国の時代)』, 하야시 가요코, 야마카와출판사

『이야기 스페인의 역사(物語スペインの歴史)』, 이와네 구니카즈 저, 중앙공론

『스페인·포르투갈사(スペイン·ポルトガル史)』, 다테이시 히로타카 저, 야마카와 출판사

『스페인 펠리페 2세의 생애(スペイン フェリペ二世の生涯)』, 니시카와 가즈코 저, 사이류샤

『엘리자베스 1세(エリザベス一世)』, 아오키 미치히코, 고단샤

『도해 엘리자베스 1세(図説エリザベス一世)』, 이시이 미키코 저, 가와데쇼보신샤

『무굴 제국 시대의 인도 사회(ムガル帝国時代のインド社会)』, 오나 야스유키 저, 야마카와출판사

『무굴 제국 역대지(ムガル皇帝歴代誌)』, 프랜시스 로빈슨 저, 쓰미코리 사치 역, 소겐샤

『세계의 역사 14: 무굴 제국에서 영국령 인도로(世界の歴史〈14〉ムガル帝国から英領インドへ)』, 사토 마사노리·나카자토 나리아키·미즈시마 츠카사 저, 중앙공론

『타지마할 이야기(タージ·マハル物語)』, 와타나베 다케오, 아사히신문

『무굴 제국과 아크바르 대제(ムガル帝国とアクバル大帝)』, 이시다 모리아키 저, 시미즈서원

『도설 프랑스의 역사(図説フランスの歴史)』, 사사키 마코토 저, 가와데쇼보신샤

『프랑스의 역사(フランスの歴史)』, 로저 프라이스 저, 고노 하지메 역, 소도샤

『루이 14세와 리슐리외: 절대 왕정을 만든 군주와 재상(ルイ14世とリシュリュー―絶対王政をつくった君主と宰相)』, 하야시다 신이치 저, 야마카와출판사

『진실의 루이 14세: 신화에서 역사로(真実のルイ14世―神話から歴史へ)』, 이브 마리 베르세 저, 아가 유지로 · 시마나카 히로아키 · 다키자와 사토코 역, 쇼와당

『세계의 역사 22: 근대 유럽의 열정과 고뇌(世界の歴史〈22〉近代ヨーロッパの情熱と苦悩)』, 다니가와 미노루 · 스즈키 다케오 · 무라오카 겐지 저, 중앙공론

『강희제전(康熙帝伝)』, 조아킴 부베 저, 고토 스에오 역, 헤이본사

『대청제국을 향한 길(大清帝国への道)』, 이시바시 다카오 저, 고단사

『대청제국 융성기의 실상(大清帝国隆盛期の実像)』, 오카다 히데히로 저, 후지와라서점

『인물 중국 오천 년 6: 이민족 왕조와 근대의 여명-송 · 원 · 명 · 청 · 현대(人物中国五千年〈6〉異民族王朝と近代の黎明―宋 · 元 · 明 · 清 · 現代)』, 니시노 히로요시 편, PHP연구소

『러시아사(ロシア史)』, 와다 하루키 편, 야마카와출판사

『도설 러시아의 역사(図説ロシアの歴史)』, 구리우자와 다케오 저, 가와데쇼보신사

『표트르 대제: 서유럽에 매료되었던 차르(ピョートル大帝―西欧に憑かれたツァーリ)』, 도히 쓰네유키 저, 야마카와출판사

『마리아 테레지아와 그 시대(マリア · テレジアとその時代)』, 에무라 히로시 저, 도쿄서적

『마리아 테레지아와 요제프 2세(マリア · テレジアとヨーゼフ2世)』, 이네노 츠요시 저, 야카마와출판사

『합스부르크 가문의 빛살(ハプスブルク家の光芒)』, 기쿠치 요시오 저, 지쿠마쇼보

『나폴레옹: 영웅의 야망과 고뇌(상), (하)(ナポレオン～英雄の野望と苦悩〈上〉, 〈下〉)』, 에밀 루트비히 저, 기타자와 마키 역, 고단사

『나폴레옹 제국(ナポレオン帝国)』, 제프리 엘리스 저, 스기모토 도시히코 · 나카야마 슌 역, 이와나미서점

『도설 나폴레옹 정치와 전쟁: 프랑스의 독재자가 남긴 발자취(図説ナポレオン政

治と戦争ーフランスの独裁者が描いた軌跡)』, 마쓰시마 아키오 저, 가와데쇼보신사

『세계의 역사 17: 유럽 근세의 개화(世界の歴史〈17〉ヨーロッパ近世の開花)』, 하세가와 데루오 · 도히 쓰네유키 · 오쿠보 게이코 저, 중앙공론

『독일사 2: 1648년~1890년(ドイツ史〈2〉1648年~1890年)』, 나루세 오사무 · 야마다 긴고 · 기무라 야스지 저, 야마카와출판사

『도설 프로이센의 역사(図説プロイセンの歴史)』, 세바스찬 하프너 저, 우오즈미 마사요시 · 가와구치 유키코 역, 도요서림

『비스마르크(상), (하)(ビスマルク〈上〉, 〈下〉)』, 조나단 스타인버그 저, 오바라 준 역, 하쿠스이사

『비스마르크: 독일 제국을 구축한 정치 외교술(ビスマルクードイツ帝国を築いた政治外交術)』, 이다 요스케 저, 중앙공론

『빅토리아 여왕(상), (하)(ヴィクトリア女王〈上〉, 〈下〉)』, 스텐리 웨인트라웁 저, 히라오카 미도리 역, 중앙공론

『빅토리아 여왕: 대영 제국의 '싸우는 여왕'(ヴィクトリア女王ー大英帝国の"戦う女王")』, 기미즈카 나오타카 저, 중앙공론

『도설 영국의 역사(図説イギリスの歴史)』, 사시 아키히로 저, 가와데쇼보신사

『최후의 러시아 황제(最後のロシア皇帝)』, 우에다 이쓰키 저, 지쿠마쇼보

『도설 러시아의 역사(図説ロシアの歴史)』, 구리우자와 다케오 저, 가와데쇼보신사

『니콜라이 2세와 알렉산드라 황후: 러시아 최후의 황제 일가의 비극(ニコライ二世とアレクサンドラ皇后ーロシア最後の皇帝一家の悲劇)』, 로버트 K. 매시 저, 사토 슌지 역, 시사통신사

『되살아나는 니콜라이 2세: 중단되었던 러시아 근대화의 길(甦るニコライ二世ー中断されたロシア近代化への道)』, 헬렌 카레르 드카소세 저, 다니구치 스스무 역, 후지와라서점

주요 참고 문헌

감수 | 모토무라 료지(本村凌二)

도쿄대학 명예 교수. 1973년 히토쓰바시대학 사회학부를 졸업하고 1980년 도쿄대학대학원 인문과학연구과 박사 과정을 이수했다. 이후 도쿄대학 교양학부 교수, 도쿄대학대학원 종합문화연구과 교수 등으로 활동했다. 2018년 와세다대학 국제 교양학부 특임 교수를 퇴직했다. 퇴직 후 집필 활동에 전념하며 일본 고대 서양사 연구를 해외에 소개하고 있다. 산토리 학예상, 지중해 학회상, JRA마사 문화상을 수상했다. 저서로 『말이 바꾼 세계사』, 『처음 읽는 로마사』, 『천하무적 세계사』 등이 있다.

편저 | 조지무쇼(造事務所)

'쉽게, 재미있게, 정확하게!'라는 3대 슬로건을 내걸고 1985년에 설립된 기획 편집 집단이다. 각 분야의 전문가들이 역사, 문화, 종교, 생활 실용 등 폭넓은 분야의 단행본을 집필하고 편집하고 있다. 1년에 평균 40여 종의 단행본을 펴내며, 다수의 책이 베스트셀러로 독자들의 사랑을 받고 있다.

옮김 | 김정환

건국대학교 토목공학과를 졸업하고 일본외국어전문학교 일한통번역과를 수료했다. 21세기가 시작되던 해에 우연히 서점에서 발견한 책 한 권에 흥미를 느끼고 번역 세계에 발을 들였다. 현재 번역 에이전시 엔터스코리아 출판기획자 및 일본어 전문 번역가로 활동하고 있다.

경력이 쌓일수록 번역의 오묘함과 어려움을 느끼면서 항상 다음 책에서는 더 나은 번역, 자신에게 부끄럽지 않은 번역을 하기 위해 노력 중이다. 공대 출신 번역가로서 논리성을 살리면서도 문과적 감성을 접목하는 것이 목표다. 야구를 좋아해 한때 iMBC스포츠(imbcsports.com)에서 일본 야구 칼럼을 연재하기도 했다. 번역 도서로는 『노후파산』, 『수학 사전』, 『전쟁의 역사를 통해 배우는 지정학』 외 다수가 있다.

너무 재밌어서 잠 못 드는
황제의 세계사

초판 1쇄 인쇄 2020년 1월 6일
초판 1쇄 발행 2020년 1월 13일

감수 모토무라 료지
편저 조지무쇼
옮김 김정환

펴낸이 이상순 **주간** 서인찬 **편집장** 박윤주 **제작이사** 이상광
기획편집 이주미 박월 김한솔 최은정 이세원 **디자인** 유영준 이민정
마케팅홍보 이병구 신희용 김경민 **경영지원** 고은정
펴낸곳 (주)도서출판 아름다운사람들
주소 (10881) 경기도 파주시 회동길 103
대표전화 (031) 8074-0082 **팩스** (031) 955-1083
이메일 books777@naver.com **홈페이지** www.books114.net

생각의길은 (주)도서출판 아름다운사람들의 교양 브랜드입니다.

ISBN 978-89-6513-570-8 (03900)

이 도서의 국립중앙도서관 출판예정도서목록(CIP)은 서지정보유통지원시스템 홈페이지(http://seoji.nl.go.kr)와 국가자료종합목록구축시스템(http://kolis-net.nl.go.kr)에서 이용하실 수 있습니다. (CIP제어번호 : CIP2019048875)